유대인

차례
Contents

유대인, 그들은 누구인가?

왜 유대인을 거론하는가

전세계에서 가장 영향력 있는 민족을 꼽으라면 단연 유대인을 꼽는다. 어머니가 유대인이거나 유대교로 개종한 경우를 말하는 유대인은 정치·경제·문화·사회·과학·예술 등 모든 방면에 걸쳐 그 이름이 오르내리지 않는 곳이 없다. 전세계에 흩어져 살고 있는 것으로 추산되는 1,400만 명 이상의 유대인이 세계를 좌우한다고 해도 과언은 아니다.

유대인이라면 흔히 매부리코에다 어딘지 중동 지역 사람 같은 풍모, 차갑게 반짝이는 다갈색 눈을 가진 용모를 연상한다. 그렇게 생긴 유대인이 있는 것도 사실이다. 그러나 그런 사람은 유대인 중 극히 일부분에 지나지 않는다. 역사상 각 분야에서 활약한 유대인들의 얼굴 사진이나 초상화를 비교해보면 앞서 말한 유대인의 얼굴 특징과는 크게 다르다는 것을 알수 있다. 왜냐하면 유대인은 인종이 아니기 때문이다. 유대인이란 유대교의 가르침들을 지키고 믿으며 유대인의 문화를 이어받은 사람들을 가리킨다. 또한 유대인은 인종적으로 혼혈민족이라 함이 옳다. 유대인은 역사를 통하여 다양한 민족과 접촉했고 갖가지 피가 섞였기 때문이다.

탈무드, 시오니즘(Zionism), 디아스포라(Diaspora), 통곡의 벽, 유대식 육아법, 유대교, 예루살렘, 히브리어, 토라, 「쉰들러 리스트」 등은 모두 유대인과 관련 있는 용어들이다. 유대인 육아법이나 교육 방법은 우리 부모들에게 친숙하다. 또한 끊이지 않는 이스라엘과 아랍권과의 대결 양상 속에서 흔들림 없이 나아가고 있는 유대인의 저력도 잘 알고 있다. 한편 유대인들의 상술이나 그들이 구축해 놓은 네트워크를 부러워하면서 우리의 해외 동포와 본국 사이의 네트워크를 구축하고자 하는 노력도 기울이고 있다.

그러나 유대인에 대한 관심이 항상 긍정적인 것만은 아니다. 예컨대 유대인들의 텃세가 너무 심하다거나 배타적이라는 지적이 있다. 또한 유대인들이 세계를 지배하려는 음모를 꾸미고 있다는 주장도 있으며, 적지 않은 사람들이 세계 경제계를 지배하려는 유대인의 자본력에 의구심을 보이고 있다. 유대인들의 세계 장악론에 대한 경고는 좋은 예이다. 1997년 아시아 지역의 경제위기는 동남아시아에 들어와 있던 유대인의 투기 자본이 일시에 빠져나가서 발생했다는 유대인 음모설도 있었다. 이런 추정이 전혀 근거 없는 것은 아니다. 아시아 금융위기의 주범으로 꼽혔던 헤지펀드의 절반 이상이 유대인으로부터 나온 것이기 때문이다.

사실 1997년 하반기부터 불어닥친 동남아와 한국의 외환위기는 이 지역에서 처음으로 유대인에 대한 비판적 시각을 갖게 하였다. 예를 들어 마하티르 말레이시아 수상은 말레이시아의 화폐인 링깃의 급격한 가치 하락은 국제 유대자본의 숨은 음모라고 주장하면서 국제 환 기업가 조지 소로스가 미국 및 국제통화기금(IMF)과 짜고 개혁에 미온적인 태국 경제에 대한 악성루머를 유포시켜 바트화의 가치를 폭락시켰다고 폭로하였다.

최근에는 9.11 테러가 아랍 테러리스트들이 유대민족의 심장부가 이스라엘의 텔아비브나 예루살렘의 통곡의 벽이 아니라 세계 자본주의의 본산인 뉴욕 맨해튼에 있음을 정확히 보았기 때문에 뉴욕에서 발생했으며, 유대인들이 갈등의 핵이자 세계 분쟁의 뿌리라는 주장도 있다. 미국과 이라크와의 갈등 역시 이스라엘과 관련되어 있다는 주장도 이와 비슷한 맥락에서 이해될 수 있다.

그 동안 우리 사회에서 유대인에 대한 이해는 다양하게 이루어져 왔다. 유대인은 상술이 뛰어나고 이재에 밝으며, 전쟁이 나면 해외에 거주하는 유대인의 상당수가 조국으로 돌아가 전쟁에 참여한다는 등의 이야기는 우리에게 잘 알려져 있다. 또한 유대인들이 세계 곳곳에서 두각을 나타내고 있는 비결을 교육에서 찾으면서 그 교육의 내용과 방법에 대한 논의와 소개는 비교적 활발하게 이루어져 왔다. 자녀 교육에 있어서 유대인들의 유아 교육이나 습관 길들이기, 부모와 자식 간에 생각을 나누는 방법 등을 논의하고 소개하는 책들은 쉽게 찾아볼 수 있다.

특히 9.11 테러 사건 이후 이슬람 세계에 대한 관심이 크게 늘면서 이와 밀접한 관계를 보이는 유대인과 이스라엘에 대한 관심도 증가하고 있다. 이스라엘 현지에서 생활하면서 실제로 보고 느낀 것을 바탕으로 유대인과 이스라엘을 있는 그대로 소개하는 책, 유대인의 생활과 유대인의 역사를 매우 상세하게 기술하고 있는 번역서 등이 출간되었다. 특히 미국에 거주하고 있는 유대인의 실체를 다룬 몇몇 책은 생동감 있는 다양한 자료를 활용하고 있다는 점에서 유대인에 대한 이해를 증진시키고 유대인 연구를 활성화시키는 데 크게 기여할 것으로 기대된다. 유대인에 대한 관심 증대는 유대인에 대한 오해를 기초로 쓰인 책에서 비롯된 편견으로부터 탈피하는 데 크게 기여하고 있다. 과거에는 유대인을 비난하는 일본 책을 그대로 번역하여 독자들에게 반유대주의를 심어주는 사례가 많았던데 비해 최근에는 이들을 이해하려는 노력을 담은 책들이 주를 이루고 있다는 점은 매우 고무적이며, 이 글도 그러한 목적으로 쓰였다.

이렇듯 유대인에 대한 다양한 시각 속에서 유대인이 우리의 관심을 끄는 이유를 크게 네 가지로 나누어 생각할 수 있다. 첫째, 십 수세기 동안 고난과 박해 속에서도 정체성을 잃지 않고 오히려 그들만의 고유한 종교·사상·교육을 더욱 발전시킨 원동력은 무엇인가? 어떻게 그들을 에워싼 다른 민족과 문화에 동화되거나 흡수되지 않을 수 있었을까? 둘째, 사방이 아랍권으로 둘러싸인 이스라엘이 전쟁에서 항상 승리를 거두는 이유는 무엇이고, 어떻게 그렇게 꿋꿋이 제 목소리를 낼 수 있을까? 셋째, 미국 인구 2억 8천만 명 중 단지 2.2%에 해당하는 6백만 명의 소수민족인 유대인이 미국의 정치·경제 부문에서 그렇게 큰 비중을 차지하고 있는 이유는 무엇일까? 넷째, 이러한 유대인들의 특성이 우리에게 시사하는 바는 무엇인가? 특히 현재 전세계에 흩어져 있는 550만 명의 해외 한인들에게 주는 교훈에 대한 관심은 최근 세계화 시대를 맞이하면서 한국과 해외 한인 사이의 네트워크를 구축하는 데 중요한 시사점이 될 것으로 기대된다.

　　이 책은 바로 이와 같은 문제의식을 바탕으로 해서 유대인을 소개하고 이해하기 위한 노력의 일환으로 쓰였다. 필자는 오래 전부터 유대인과 화교의 특성에 주목해 왔다. 다른 민족과 상이한 특성이 무엇이며, 그들의 위력은 어느 정도인지, 그들을 그처럼 끈끈하게 엮어 주는 끈은 어디서 비롯되었는지 등에 관심을 기울여왔다. 이러한 관심은 끝없는 고난과 위기를 겪으면서도 강인하게 살아남을 수 있는 원동력을 찾아

보려는 노력과 함께 이들과 비슷한 경험을 하고 있는 한국인의 디아스포라에 주는 교훈을 찾고자 하는 기대에서 비롯되었다.

고난과 형극의 유대인

유대민족의 등장은 기원전 2천 년 이전으로 추정된다. 아브라함이 유일신이라는 아이디어를 세상에 소개하고 그 아이디어를 신봉하는 부족들을 이끌고 오늘날의 팔레스타인 땅에 정착한 시기이다. 이 아이디어로 인해 유대민족은 주변 이민족과의 분쟁으로 역사를 시작하고 마감하는 질기고 고된 삶을 이어가게 되었다.

유대인의 역사는 굴욕의 역사였다. 오늘날에는 유대인이라 하면 부자라는 이미지가 강하지만 역사를 통해서 보면 유대인들은 아주 가난했다. 오랫동안 유대인들은 그리스도교도들에 의해서 생업의 기회를 약탈당하여 왔기 때문이다. 유럽에서 유대인은 법률적인 차별 하에서 살아가지 않으면 안 되었다.

대부분의 유대인은 일정한 직업에 종사할 수 없었다. 그래서 많은 유대인들이 고리대금업 또는 브로커 노릇을 했다. 또한 땅을 소유한다거나 제조업자의 조합인 길드에 가입하는 것도 허용되지 않았으며, 전체적으로 보아 극소수를 제외하고는 대다수 유대인들이 하루하루를 겨우 살아가는 신세였다. 게토(유대인 강제 주거 지역) 이외의 지역에서 사는 것은 금지되었고 베를린을 비롯한 도시의 성문에는 유대인 전용문이 있어서 그곳을 통해서만 출입하지 않으면 안 되었다.

잘 알려진 바와 같이 1948년까지 유대인들은 자기 나라를 갖지 못한 고난의 역사를 가지고 있다. 유대인의 고난의 역사는 막스 디몬트(1990)가 밝힌 바와 같이 여섯 차례의 도전으로 이해될 수 있으며, 그 때마다 그들은 고난을 이겨내며 오늘에 이르렀다.

제1의 도전은 유대인의 존속을 위협한 이교(異敎)의 세계에서 비롯되었다. 당시 유대인들은 소수의 유목민에 지나지 않았으며, 바빌로니아·아시리아·페니키아·이집트·페르시아 등 강대 민족들의 틈바구니에서 기적적으로 살아남았다. 앞의 민족들이 모두 사라져 가는 1,700년 동안 유대인의 맥은 이어졌다. 1,700년에 걸친 유랑과 노예 생활, 전쟁의 살육과 추방이라는 역경 속에서도 살아남은 그들은 고향으로 돌아왔다.

그러나 이번에는 그리스·로마의 압제 속에서 살게 되었다. 기독교로의 개종을 거부한 수많은 유대인들이 로마의 노예로 끌려갔다. 이것이 그들에게 던져진 제2의 도전이었다. 유대인이 그 도전을 물리치고 살아남게 된 것은 하나의 기적이었다. 모든 것이 그리스화되고, 로마화되는 시기에도 유대인들은 살아남았기 때문이다.

제3의 도전은 디아스포라라는 독특한 현상으로 나타났다. '디아스포라'란 그리스어로 '이산' '흩어진다'는 뜻으로 팔레스타인을 떠나 이교도 세계에 흩어져 있던 유대인들을 가리킨다. 기원전 7세기에 바빌로니아인에 의해 예루살렘에서 쫓겨나 19세기 게토에서 해방되기까지 유대인들은 몇몇 작은 그룹으로 나뉘어 세계 곳곳에서 고립되어 살았다. 어떻게 해서 유대인들은 그들을 에워싼 다른 민족에게 동화되거나 흡수되지 않고 견딜 수 있었을까? 그 힘은 유대인들의 종교적인 법전인 '탈무드'에서 찾을 수 있다. 탈무드는 유대인을 단결시키는 힘이 되었고, 정신적인 구심점이 되었기 때문이다. 그래서 이 시기를 유대인의 '탈무드 시대'라고 하며, 약 1,500년 동안 탈무드는 눈에 보이지 않는 통치자로서 유대인을 다스려 왔다.

탈무드란 히브리어로 미슈나(Mishnah), 즉 '가르치다'라는 의미에 관련된 교훈이나 설명이라는 뜻을 지니고 있는 유대인의 생활규범이다. 권수로는 모두 20권이며 12,000페이지에 달한다. 기원전 500년부터 기원후 500년까지의 천년 동안이나 구전되어 왔던 것들을 10여 년에 걸쳐 수집·편찬한 것이다.

탈무드는 팔레스타인에서 발견된 것(약 4세기 말경 편찬)과 메소포타미아에서 발견된 것(약 6세기경 편찬) 두 종류가 있다. 앞의 것은 팔레스타인 탈무드, 뒤의 것은 바빌로니아 탈무드라고 부르기도 한다.

탈무드는 구약성서가 쓰인 뒤 유대교의 법률, 전통적 습관, 축제, 민간 전승, 해설 등을 모아 편찬한 것으로 성서 다음으로 유대인들의 정신적인 지주가 되어 왔다. 또한 오늘을 살고 있는 우리의 생활 속에까지도 깊이 관여하고 있기 때문에, 이것은 유대인들의 오천 년에 걸친 지혜이며, 지식의 보고라고까지 말할 수도 있다. 여기에는 유대인들의 종교적 생활만이 아니라 법적 규정이나 판례법까지도 포함되어 있으며, 당시 유대민족의 생활양식은 물론 기독교와의 관계를 아는 데에도 귀중한 자료가 되고 있다.

제4의 도전은 7세기 마호메트에 의해 창시된 이슬람교의 등장이다. 100년도 지나지 않아 이슬람 제국은 서양 문명을 압도할 정도로 강해지면서 그리스도교도를 배척했으나 다행히 유대인에게는 관용을 보였다. 이는 아마도 마호메트 자신이 유대교 경전인 구약에 의해 결정적인 영향을 받았다는 점에서 그 이유를 찾을 수 있다. 바로 이슬람교의 핵심인 '창조주 유일신' 사상이다. 이슬람교의 경전인 코란 속에는 구약 성경의 아브라함, 이삭, 야곱, 요셉, 모세의 이야기가 있어 이슬람교가 유대교의 영향으로 탄생되었다는 주장도 같은 맥락으로 이해될 수 있다. 이 시대의 유대인은 문학, 과학 그리고 여러 분야에서 금자탑을 쌓아올릴 수 있었다. 그러나 700년이 지나 이슬람 세계가 붕괴됨에 따라 이슬람 세계의 유대인 문화도 붕괴되었다.

제5의 도전은 중세였다. 이 시기는 유대인들이 가장 조용하게 역사의 뒤안길에서 숨죽이며 살거나 처절하게 저항하면서 보낸 기간이었다. 기독교권에서 유대인들은 죄인의 멍에를 짊어지고 3류 시민으로 살아갔다. 그러나 1,200년에 걸친 암흑시대를 유대인은 정신적으로, 또 문화적으로 살아남았다. 기독교의 이름으로 정복된 비기독교 국민들은 모두 기독교로 개종했으나 유대인만은 개종하지 않았다. 이후 게토의 벽이 무너지고 유대인이 서구 문명의 핵심적인 역할을 담당하게 되는 데는 한 세기밖에 걸리지 않았다. 게토의 잔재가 아직 남아 있던 1세대들은 영국과 프랑스의 수상이 되었고, 사업가·군인이 되었으며 유럽의 사상을 다시 형성하는 역할을 수행한 지적 선구자가 되었다.

제6의 도전은 19세기와 20세기의 국가주의와 파시즘의 출현에서 비롯되었다. 특히 1850년 이후 서구 정신의 악성 질환으로 묘사되는 반(反)유대주의는 유대인의 운명에 중대한 영향을 끼쳤다. 반유대주의는 국가주의와 인종차별주의가 혼합되어 나타난 것으로 600만 명의 유대인 학살을 가져왔다. 스필버그 감독이 제작한 「쉰들러 리스트」에서 잘 그려진 바와 같이 홀로코스트(Holocaust, 유대인 학살)는 20세기 역사에서 인류가 가장 부끄럽게 여기는 참혹한 현장이다.

나치의 반유대주의는 5단계의 과정을 거쳐서 전개되었으며 단계마다 그 강도는 강화되었다(막스 디몬트, 1990). 제1단계는 나치가 정권을 획득한 1933년에 시작되었으며 주로 유대인 상점의 약탈, 유대인에 대한 산발적인 폭행, 유대인 상점에 대한 불매운동으로 나타났다. 제2단계는 1935년의 '뉘른베르크 법'의 제정에서 시작되었다. '유대인의 피'를 받은 자는 모두 공민권이 박탈된다고 규정한 이 법에 의해 유대인은 직장에서 쫓겨나고 사업체를 박탈당했다. 조부모 중에 한 사람이라도 유대인이라면 손자까지 그 대상이 되었다. 제3단계는 1939년 유대인에 대해 조직적인 폭력이 이루어졌고, 대량으로 체포하여 강제수용소로 보냈던 시기이다. 그래도 1939년까지는 독일 정부에 돈을 내면 유대인은 독일을 떠나는 것이 허용되었다. 그리하여 그 해까지 독일에 거주하는 50만의 유대인 중에서 30만이 독일을 떠났다. 제4단계는 모든 독일계 유대인과 오스트리아 유대인을 폴란드에 마련한 게토에 보낸 시점부터 시작된다. 그곳에서 유대인들은 병들어 죽고, 굶어서 죽어 갔다. 제5단계는 1941년 러시아 침략 이후 강제수용소의 목적이 구금에서 살인으로 변한 시기이다. 일반인에게 잘 알려진 아우슈비츠의 가스실은 하루 1만 2천 명까지 처리할 수 있었다. 그 가스실에서 수많은 유대인들이 시체로 변해갔다. 히틀러의 유대인 말살 정책으로 1939년부터 1945년까지 희생당한 유대인의 수는 약 600만 명에 이르는 것으로 알려져 있다.

그러면 히틀러는 왜 유대인을 몰살하려 했는가? 그 배경은 제1차세계대전에서 찾을 수 있다. 유대인들은 제1차세계대전 때만 하더라도 러시아와 싸우고 있던 독일을 편들었다. 러시아군을 물리친 독일군을 해방군으로 환영한 유대인 커뮤니티도 있었다. 그러나 제1차세계대전에서 패배한 독일은 유대인을 속죄양으로 삼았다. 이는 러시아에서 공산주의 체제가 들어선 이후 독일로 피난 온 독일인들이 볼셰비키 혁명과 유대인의 관계에 대해 폭로함으로써 시작되었다. 당시 러시아는 독일에게 가장 위협적인 존재였으며, 독일인들은 유대인을 볼셰비키 혁명 세력과 연관지어 생각하게 되었다. 이러한 사회 분위기를 이용하면서 등장한 히틀러는 반유대주의를 외치면서 대중을 선동하였다. 제1차세계대전 이후 패배감에 사로잡혀 있던 독일 사회에서 히틀러는 특히 젊은층을 사로잡았다. 학생들은 나치의 행동대원으로 자원했다. 이들은 반유대주의 캠페인을 벌이면서 유대인 학생과 유대인 교수에게 테러를 가해 스스로 물러나게 만들었다. 더 나아가 그들은 유대인들을 공직에서 몰아내야 한다고 주장했다.

1929년 세계 공황은 반유대주의를 고조시켰다. 경제 질서의 와해에 따라 기업인들은 공산주의자의 체제 전복 가능성을 우려했고, 중·하류층은 누리고 있던 사회적 지위에 대한 불안에 떨고 있었다. 이러한 상황에서 반유대주의를 부르짖는 히틀러의 선동이 폭넓은 계층으로부터 지지를 받았던 것이다. 히틀러는 정권을 잡자마자 반유대인 조치를 취했다. 유대인들은 공직, 비즈니스 그리고 전문직에서 쫓겨났다. 또 부모와 조부모 중 어느 한 명이 유대인이면 '비아리아'라는 그룹으로 분리하여 독일 사회로부터 격리시켰다. 비아리아인에게는 일자리가 제공되지 않고 아이들은 학교를 갈 수 없게 되었다. 더 나아가 유대인들은 폭행을 당했으며 유대인을 위협하는 포스터가 도처에 나타났다. 반유대주의는 앞서 언급한 1935년에 통과된 뉘른베르크법에 의해 더욱 강화되었다. 이 법에 의해 유대인들은 시민권을 박탈당하고 독일인들과 혼인도 할 수 없는 등의 제재 조치가 뒤따랐다. 유대인들에 대한 박해는 홀로코스트라는 극단적인 상황으로 나타났다.

유대인들은 거의 대부분이 반항 없이 가스실로 끌려가서 죽었는데 어째서 유대인들은 저항하지 않았을까? 그 이유 중 하나는 만약 유대인들이 저항을 하면 독일군은 본인 대신에 그들의 자녀를 무참하게 고문했기 때문이다. 유대인이 조금이라도 반항하려는 기미를 보이면 나치는 그를 고문하는 대신에 그의 어린 자식을 괴롭혔다. 부모가 보는 앞에서 아기의 양다리를 돌로 짓찧거나, 몽둥이에 머리를 맞아 피투성이가 된 어린이의 시체를 어머니에게 돌려주고, 형제자매가 보는 앞에서 총으로 쏘아 죽이고 칼로 찔러 죽이는 등의 광경을 보니 차라리 가스실에서의 죽음을 선택했다는 것이다. 다른 하나는 주로 심리학자나 사회학자에 의한 주장으로 유대인의 그 '무저항'은 죽음에 대한 유대적인 본능 때문이라거나, 집단적인 죄악감 때문이라거나, 자기혐오의 강박관념이라는 등으로 설명된다(막스 디몬트, 1990).

사실상 유대인들은 그렇게 끔찍한 방법으로 자신들을 죽일 것이라고는 생각하지 못했다. 나치는 그것을 극비로 삼아왔기 때문이다. 무서운 사실이 새어나오기 시작했을 때에는 그렇게 비인간적인 짓은 하지 못한다고 생각하여 그 소문을 믿지 않았다. 그러나 이 때에는 이미 효과적인 저항을 할 수 없었다. 유대인끼리의 연락이 끊기고 유대인 지도자들은 이미 죽는 등 유대인 사회는 완전히 파괴되었기 때문에 유대인의 저항은 거의 불가능했다.

그러나 유대인 역사를 살펴보면 유대민족은 반드시 형극의 역사를 영광의 역사로 바꾸는 능력을 지니고 있음이 잘 드러난다. 이는 유대민족사의 전편을 흐르는 실증된 역사다. 나치의 대학살로 인해 당시 유럽 거주 유대인의 3분의 2가 세상을 떠났지만, 이후 유대인들은 이 대학살을 민족 부흥의 발판으로 삼았다.

유대인들은 홀로코스트의 과거를 결코 잊지 않는다. 이스라엘은 독립 기념일 전날을 홀로코스트의 날로 지킨다. 독립을 자축하기 이전에 유대인들은 반유대주의의 희생 제물이 된 홀로코스트의 동포를 결코 잊지 않는다. 예루살렘에 있는 6백만 대학살 '홀로코스트 추모관'인 '야드 바셈'에는 이런 글귀가 있다. "용서는 하지만 망각은 또 다른 방랑으로 가는 길이다." 젊은 세대가 혹시라도 조상들의 고난을 잊어버릴 것을 염려해서 반복하여 교육을 시키고 있는 것이다.

반(反)유대주의란

　반유대주의는 유대인들과 유대교에 적대적인 이념들이나 행위들을 가리킨다. 반유대주의라는 말은 1870년대에 처음 만들어졌지만, 그것은 2,000년이 넘는 역사를 가진 현상이다. 반유대주의의 사례들 가운데 가장 먼저 기록된 것은 기원전 5세기에 이집트의 승려들이 나일 강의 섬에 위치하고 있던 유대교 사원을 마구 파괴한 사건이다. 그 뒤로 유대인들과 유대교에 대한 박해가 이어졌다.

　반유대주의의 원인은 유대인들의 독특한 문화와 종교였다. 일반적으로 집단들 사이의 반목을 낳는 요인들, 예컨대 주류 집단과 다른 특질들을 지닌 소수 집단에 대한 비우호적 태도나 위기를 맞은 사회에서 속죄양이 필요하다는 사정 따위가 유대인들의 경우엔 특히 심각하게 작용했다. 여러 신들을 믿는 종교들 사이에서 유일신을 믿는 유대교는 몰이해와 편견을 낳을 수밖에 없었고, 자연히 유대인들은 호기심과 증오의 대상이 되었다.

그 뒤로 유럽의 유대인들은 끊임없이 혹독한 박해를 받았다. 유대인들의 학살과 추방은 유럽 기독교의 일상적 풍경 속에 자리잡았고, 유대인들에 대한 법적·정치적·사회적 제약은 빠르게 늘어났다. 러시아 제국과 같은 그리스 정교 지역에서도 반유대주의는 거셌고 무자비했다. 유대인들은 1792년의 법령에 의해 서부 지역에 살도록 강제되었고, 특별히 허가를 얻은 소수의 유대인들만이 경계를 넘어 동부의 러시아 중심부로 갈 수 있었다. 유대인들의 학살을 뜻하는 'pogrom'이 원래 러시아 말이었다는 사실이 가리키는 것처럼 러시아 사람들의 유대인들에 대한 박해는 끊임없이 이어졌다.

불행하게도 반유대주의를 정책으로 삼은 것은 기독교 교회만이 아니었다. 19세기에 출현한 사회주의 정당들도 기존 질서에 대한 공격에 반유대주의를 이용했다. 사회주의자들은 서유럽의 유대인들을 자본주의 사회의 대표적 계층으로 여겼다. 그들은 유대인들이 엄청난 재산과 영향력을 지녔으며 이 세상의 권력들을 뒤에서 조종한다고 믿었다.

1870년대엔 막 통일된 독일에서 민족주의에 바탕을 둔 반유대주의가 일어났다. 유대인들은 인종적으로 독일인들과 다르므로, 그들은 결코 완전한 독일 시민이 될 수 없다는 주장이

나왔고 널리 받아들여졌다. 민족주의가 워낙 강렬한 힘이고, 인종적 편견 역시 워낙 뿌리가 깊은 태도이므로 이런 민족적 반유대주의 조류는 무척 거셀 수밖에 없었다.

반유대주의적 정서는 1905년경에 세상에 알려지기 시작한 시온의정서에 의해 더욱 고조되었다. 원제가 『시온장로의정서 *Protocols of the Learned Elders of Zion*』인 이 책략서는 유대인들이 세계 정복의 야심을 갖고 비밀회의를 가진 후 채택한 행동지침서라고 알려져 있다. 약간은 신비주의적인 냄새가 나는 시온의정서의 내용은 매우 충격적이다. 그 요지는 다음과 같다.

1) 자유와 평등사상을 바탕으로 개인주의를 새로운 가치관으로 확산시켜 국가체제나 민족에 대한 귀속의식을 약화시킨다.

2) 비(非)유대국가들을 끊임없는 분쟁에 몰아넣어 스스로 국력을 소모하게 한다.

3) 유대인이 수완을 발휘하는 금융·투기 분야에 각국이 몰입하게 만들어 각국 경제를 약화시키며 이러한 상황이 확대될 때 국제적인 대공황을 연출한다.

4) 이상의 전략을 효과적으로 수행하기 위해서 매스컴과 재력을 적극적으로 활용한다.

그런데도 아직껏 이 시온의정서의 저자는 불명인 채 짙은 수수께끼에 감싸여 있다. 지금에 와서는 고전적인 가치를 지니고 있을 뿐이라고 말할 수도 있을 것이다. 하지만, 무엇보다도 그 파문과 영향이 거의 전세계적 규모로 퍼졌다는 사실은 부정할 수 없다.

물론 시온의정서는 위작이라는 견해가 우세하다. 그러나 그 내용이 섬뜩할 정도로 현실과 부합되고 있다는 점, 그리고 유대음모설의 배후로 가장 많이 등장하는 유대 자본의 위력을 보여준다는 점에서 경악할 만하다. 반유대주의 측에서는 이것을 유대인의 '세계 정복 강령'이라 하여 큰 소동을 벌였고, 유대인 측에서는 '금세기 최대의 위서'라고 하여 애써 부정해왔다. 하지만, 그러한 논쟁과는 아무런 상관도 없이 각국마다 계속 번역판이 거듭하여 날개 돋힌 듯 팔렸으며, 우리 나라에서도 일본 작가가 쓴 책이 번역되어 출판되었다.

미국의 자동차 왕 헨리 포드는 이것을 바탕으로 하여 1920년 『국제적 유대인 *International Jew*』이라는 책을 출판하고 국제적인 유대인 세력에 도전을 했으며, 히틀러의 『나의 투쟁』·로젠버그의 『20세기의 신화』에 나타난 나치스 독일의 극단적인 반유대주의의 바닥에도 이것이 깔려 있었다.

오늘날에도 반유대주의는 남아있다. 이를테면 증권거래소가 있는 미국 금융의 중심지 월 스트리트를 유대인이 지배하고 있다거나, 유대인들이 미국 대통령 주위를 둘러싼 채 미국이라는 강대국을 움직임으로써 세계지배를 노리고 있다거나, 유대인은 국제 금융과 정치를 지배하려고 온갖 사악한 기관을 장악하고 있다거나, 바로 당신의 곁에도 유대인의 보이지 않는 마수가 뻗쳐 있다거나 하는 등의 말들은 모두 반유대 감정에서 나온 것이다.

우리 나라 사람들은 일반적으로 유대인이나 이스라엘에 대하여 우호적인 감정을 가지고 있는 것으로 보인다. 우리가 유대인에 대하여 우호적인 감정을 가지고 있는 이유는 역사상 그들과 아무런 이해관계가 없었기 때문이다. 우리는 유대인들로부터 이익을 얻은 것도 손해를 본 것도 없다. 오히려 이스라엘이 독립 이후 중동의 아랍국가에 둘러싸여서도 나라를 지키는 모습은 분단의 현실 속에서 살아가는 우리에게 모범적인 교과서 노릇을 했다. 외국에 있다가도 전쟁이 나면 조국으로 돌아간다는 유대인은 북한과 대치하고 있는 우리 나라 국민들에게는 중요한 시사점을 던지기도 했다.

그러나 전세계적으로 유대인에 대한 배타적인 감정, 즉 반유대주의를 지니고 있는 경우는 매우 많다. 사실 유대인들은 이스라엘 밖으로 한 발자국만 걸어 나가면 사방에서 반유대주의를 접한다. 셰익스피어의 『베니스의 상인』에 등장하는 피도 눈물도 없는 냉혹한 고리대금업자 유대상인은 유대인에 대한 부정적인 이미지의 대표적인 예이다. 이에 대해 유대인들은 크게 반발한다. 셰익스피어는 실제로 유대인을 만난 적이 없다는 것이다. 사실 그가 살던 당시 영국에는 유대인이 없었기 때문이다. 그가 태어나기 전에 유대인들은 영국에서 한 사람도 남김 없이 추방되었다. 셰익스피어는 다만 자기의 상상에 기대어 유대인을 악역으로 지어낸 것일 따름이다. 물론 『베니스의 상인』에는 그 때에 유럽을 휩쓸던 유대인에 대한 편견을 전해준다는 역사적인 가치는 있다. 그러나 셰익스피어가 유대인을 알지 못하면서 샤일록을 악인으로 만든 것처럼 유대인을 잘 알지 못하면서 『베니스의 상인』만을 읽고 '유대인은 악독한 놈이다, 속이 좁은 놈이다, 냉혹한 놈이다'라고 믿어버리는 것은 문제가 있다고 보인다.

독일에서는 심심치 않게 네오나치즘이라는 나치의 망령이 살아나 유대인을 두렵게 한다. 사실상 여행을 좋아하는 이스라엘 사람들은 유럽 여행을 할 때 자기 신분 밝히기를 꺼린다. 잘못하다 봉변을 당할 수도 있기 때문이다. 방학 때 유럽으로 처음 여행을 떠나는 학생들에게 "모르는 사람들에게 이스라엘 사람이라고 함부로 밝히지 말고 이야기를 할 때도 히브리어로 하지 말고 영어로 얘기를 하는 게 바람직하다"는 여행사 직원의 충고도 반유대주의를 경계하라는 신호로 이해될 수 있다. 유대인이라는 이유로 늘 가슴 졸이며 살아왔던 그들은 지금도 보이지 않는 반유대주의에 긴장한다.

이에 반해 미국에서는 반유대주의가 거의 소멸되고 있다. 우선 몇 안 되는 극우적인 반유대인 단체들의 숫자가 줄어들고 있고, 새로운 동조세력도 규합치 못해 그들의 목소리는 사회 전체에 울릴 수 있는 수준이 되지 못하고 있다. 미국의 유대인은 비교적 안전한 사회환경에서 안정된 삶을 누린다고 볼 수 있다. 사실 미국에서는 유대인이 장관, 상하원 의원, 대법관, 군장성, 대학총장 그리고 우주비행사까지 다양한 분야의 고위 공직에 제약 없이 진출할 수 있으므로, 미국은 유대인들에게 그야말로 능력만 있으면 출신에 구애받지 않고 무엇이든지 할 수 있는 곳이라고 할 수 있다(박재선, 2002). 유대인의 천국이라고 부를 만큼 미국의 유대인 사회가 안정되어 있는 배경은 무엇보다도 미국의 유대인은 비교적 빠른 기간에 미국 각계의 중추적인 자리를 차지하게 되었기 때문에 그 영향력을 무시하기 힘들다는 점을 들 수 있다.

그러나 9.11 테러 이후 반유대주의는 새로운 양상을 맞고 있다. 친유대 정책이 9.11 테러를 자초했다는 비판과 함께 미국 내 반유대 감정이 증폭되고 있으며, 이스라엘의 팔레스타인 탄압이 계속되면서 유럽을 중심으로 유대인 혐오범죄가 급증하고 있기 때문이다. 프랑스, 독일, 영국, 네덜란드 등 유럽은 물론 튀니지 등에서 올해 들어서만 살해, 폭행, 방화 등 4백여 건의 대 유대인 혐오범죄가 발생했다. 특히 유럽 각국에서 우파정권이 속속 등장하고 이스라엘군과 팔레스타인 간에 잔인한 테러와 조직적 살상행위가 많아지면서 유대인들이 느끼는 위기감은 계속 높아지고 있다. 또한 최근 들어 미국에 거주하는 아랍인들은 미국이 테러의 대상이 되고 이처럼 황폐해지고 있는 이유로 유대인들을 들고 있다. 즉, 유대인과 기독교인들을 중심으로 한 시온주의자들이 팔레스타인에 대한 잔인한 탄압과 점령정책을 무리하게 지지함으로써 9.11 테러를 맞게 됐고 이후에 이어지는 미국과 미국인에 대한 테러위협을 자초했다는 주장이다. 이러한 아랍인들의 주장은 미국의 주요 언론에 전해지면서 큰 파장을 불러 일으켰으며, 특히 유대인 조직에서는 크게 긴장하는 모습을 보이고 있다.

끊이지 않는 팔레스타인 분쟁

나치의 압박에서 해방된 유대인들은 힘을 모아 새로운 유대인 국가 건설이라는 목표를 향해 나아갔다. 이런 움직임의 배후에 있는 원동력은 시오니즘(Zionism)이다. 시오니즘이란 과거의 이스라엘 땅에 유대민족의 독립국가를 재건하기 위한 운동이라는 뜻이다. 유대인들은 이산을 초래한 로마 시대 이후 줄곧 조상의 땅 이스라엘로 되돌아간다는 종교적 열망을 지니고 있었다. 유대인 집단 학살과 점차 고조되는 반유대주의로 인하여 유대인들은 독립국가 재건의 필요성을 더욱 뼈저리게 느끼게 되었다. 19세기 말 나라를 세우기 위해 시작된 시온운동은 팔레스타인으로 이주한 유대인들이 1948년 영국의 통치가 종료됨과 동시에 이스라엘 건국을 선포함으로써 그 열매를 맺었다.

긴 박해의 역사로부터 보면 건국 그 자체는 자연적인 것이었다. 고향으로부터 쫓겨나 뿔뿔이 흩어진 채 몸을 의지할 곳도 보호해 주는 사람도 없는 유대인들이 안전하게 살 그들만의 나라를 만드는 것은 당연했다. 하지만, 헤브라이인 선조의 토지 팔레스타인을 택함으로써 아랍인들과 끊이지 않는 분쟁에 휘말리게 된다. 그들은 그들 자신의 나라를 만들면서 그들이 열망했던 평화로운 생활을 얻지 못하게 되었던 것이다.

팔레스타인 지역에서의 유대인 국가 탄생은 기적의 산물이다. 이것은 전세계 유대인들의 단결과 역량의 총집결로 이해되어야 한다. 이스라엘의 건국이 미국의 도움을 받은 것은 사실이나 결국은 유대인들 스스로가 만들어낸 것이기 때문이다. 그러나 온갖 어려움을 극복하고 기적같이 탄생한 이스라엘의 앞날은 그리 순탄치 않았다. 1948년 5월 신생 이스라엘의 탄생을 알리는 초대 수상 벤 구리온의 목소리가 라디오를 통해 이스라엘 전역에 전해질 때 수도인 텔아비브 동쪽에서는 그 라디오 소리가 거의 들리지 않았다고 한다. 주변 아랍국가들의 일제 침공이 시작되었기 때문이었다. 이른바 팔레스타인 분쟁이 본격적으로 시작된 것이다.

요르단 강 서안에서 지중해에 이르는 지역을 총칭하여 팔레스타인이라고 하며 이 지역의 오랜 분쟁을 '팔레스타인 분쟁'이라 한다. 팔레스타인 분쟁은 유대인들이 제2차세계대전 이후 성서의 2천 년 기록을 근거로 이 지역에 대한 권리를 주장하면서 1948년 이스라엘 국가를 건립한 데서 비롯되었다. 즉, 이스라엘 건국에 대해 아랍국가들이 강력히 반발하여 4번의 전쟁이 일어났으며 이 후에도 양측의 충돌은 끊이지 않아 아직도 중동의 화약고로 남아 있다. 또한 팔레스타인 분쟁은 아랍을 지지하는 중동 지역 대부분의 국가가 연루되어 있고 이스라엘을 지지하는 미국도 깊이 관계되어 있다는 점에서 중동 전체의 안전과 평화 그리고 세계 평화에 관건이 되고 있다.

팔레스타인 지역은 서기 135년경 이 곳에 거주하고 있던 유대인들이 로마에 의해 추방된 후 아랍인들에 의해 통치되어 왔다. 아랍인들은 사라센 제국의 건설 이후 동로마제국을 멸망시키고 팔레스타인 지역을 장악하였으며 예루살렘을 성도로 삼아왔다. 그 후 이 지역은 십자군 원정이 있었을 때 기독교도들에 의해 일시적으로 점령당한 기간을 제외하고는 아랍 이슬람교도들에 의해 지배되어 왔다(박원곤, 2000).

그러나 19세기 후반 유럽에서 반유대인 운동이 전개되고 그에 대응하여 유대인들이 '조국의 건설'을 목표로 민족주의 운동을 확산시켜 나가면서부터 팔레스타인 지역의 수난이 시작되었다. 제1차세계대전이 발발하자 영국은 전쟁에서의 승리를 위해 팔레스타인 지역을 미끼로 아랍민족과 유대인들 모두에게 독립국가를 창설시켜준다는 이율배반적 약속을 하였다. 즉, 영국 수상 벨푸어는 1917년 유대인의 전쟁 협력을 얻기 위해 팔레스타인에 유대인 국가 건설을 약속하는 이른바 '벨푸어 선언'을 하였다. 그런데 영국은 같은 이유로 아랍인들에게도 '후사인맥마흔협정'을 맺고 팔레스타인 내 아랍인 거주 지역의 독립을 약속하였다. 그러나 영국은 전쟁 후 팔레스타인 지역을 자신의 위임통치 지역으로 편입시키고는 이 지역으로 이주해오는 유대인들에게 유리한 정책을 취하였고, 아랍인들은 이에 강력히 반발하면서 반유대인 운동을 확산시켰다.

제2차세계대전 후 영국은 팔레스타인 문제를 유엔에 이관했고 유엔은 팔레스타인 지역을 아랍인 구역과 유대인 구역으로 분할시키는 안을 채택하였다. 이 안을 아랍인은 거부한 반면 유대인은 받아들였고 1948년 5월 14일 이스라엘 국가를 수립하였다. 이 결과 아랍 측과 이스라엘 측의 지루한 전쟁이 시작되었다.

이른바 '팔레스타인 전쟁'으로 불리는 제1차 중동전쟁은 이스라엘 건국 직후 이집트를 비롯한 7개 아랍국가들이 무력 항쟁을 벌이면서 시작되었다. 이스라엘을 침공한 아랍권은 직접 국경을 맞대고 있는 이집트·요르단·시리아·레바논 등이다. 당시 약 75만 명의 이스라엘 인구에 비해 아랍권은 3천만 명의 인구에 압도적인 병력과 우수한 장비를 갖추고 있었다. 전문가들은 일주일 내에 전쟁이 종료될 것으로 예상하면서 홀로코스트에 이은 또 하나의 비극이 유대인들에게 닥칠 것이라는 우려를 떨칠 수가 없었다.

초기 전세는 예상대로 아랍군이 모든 전선을 압도했다. 그러나 이스라엘로서는 2천 년의 한을 푸는 전쟁이었다. 이스라엘군은 사력을 다해 전선을 지켰으며 시간이 흐르면서 조금씩 아랍군을 밀어내기 시작했다. 일주일이면 끝날 것 같았던 전쟁은 약 한 달 정도 지속되다가 결국 유엔의 휴전안을 받아들이는 것으로 일단락되었다. 그러나 이스라엘이나 아랍권 어느 편도 이 휴전이 곧장 평화로 이어질 것이라고는 생각하지 않았다. 이후 이스라엘과 아랍권은 모두 다음 전쟁을 치를 준비에 박차를 가하였다(김종빈, 2001). 이 전쟁에서 이스라엘은 팔레스타인 지역의 80%를 차지하는 전과를 올렸고 팔레스타인 90만 명이 유랑민으로 전락하게 됨으로써 훗날 중동 지역의 최대 골칫거리를 남기게 되었다.

1956년 10월에는 이른바 '시나이 전쟁'으로 불리는 제2차 중동전쟁이 일어났다. 이 전쟁은 이집트의 대통령인 나세르의 군비 증강에 위협을 느낀 이스라엘이 시나이 반도를 공격하면서 시작되었다. 이 전쟁은, 주로 아랍권에서 치러진 것에서 알 수 있듯이, 이스라엘이 우세하게 이끌었다. 이스라엘은 이 두 차례 싸움을 합쳐 독립전쟁이라고 부른다. 이스라엘 독립전쟁은 당시 팔레스타인 지역의 주인이던 팔레스타인 주민들을 그 지역에서 몰아냈다. 팔레스타인 지역에 거주하던 아랍인은 이제 이스라엘 땅이 된 고향을 버리고 떠날 수밖에 없었다. 유대와 아랍의 민족운동 진영이 서로 영유권을 주장하는 분쟁지역으로 남아있는 팔레스타인 문제는 지금도 분쟁이 끊이지 않고 있는 중동의 화약고로서 이 지역의 긴장과 불안정의 근원이 되었다(김종빈, 2001). 이스라엘은 이 전쟁으로 가자지구를 점령하게 되었다.

이후 이스라엘은 아랍과 시나이 6일 전쟁(1967), 욤 키푸르 전쟁(1973) 그리고 레바논 전쟁(1982) 등의 전쟁을 더 치렀다. 아랍권의 기습으로 시작된 욤 키프르 전쟁에서 고전했을 뿐, 아랍권과의 전쟁은 모두 이스라엘의 승리로 결말이 났다. 이스라엘은 아랍권과의 격렬한 전쟁에서 단 한 번도 패하지 않았고 오히려 점령지의 땅을 자국의 영토로 흡수해왔다.

팔레스타인 지역을 둘러싼 아랍 측과 이스라엘 측 간의 분쟁은 전쟁을 치른 끝에 새로운 국면으로 접어들었다. 우선 팔레스타인해방기구(PLO)가 국제적 공인을 받게 되었다. 유엔은 팔레스타인들에 대하여 외부로부터 간섭받지 않는 자치권, 민족 독립과 주권을 가질 수 있는 권리, 중동 평화 달성을 위한 중요 당사자로서의 지위 등을 인정하였고, 팔레스타인해방기구에 대해 유엔 옵서버 자격까지 부여하였다(박원곤, 2000). 이후 이스라엘과 이집트 그리고 이스라엘과 팔레스타인과의 평화를 위한 노력은 꾸준히 지속적으로 전개되어 왔으며 괄목할 만한 성과도 이루었다.

그러나 팔레스타인 분쟁의 근원적 문제들은 여전히 해결되지 않고 남아 있다는 점 그리고 이스라엘과 팔레스타인을 비롯한 아랍국가 간에는 상호 실체 인정과 공존을 사실상 원치 않는 보다 근본적인 문제가 존재하고 있다는 점에 문제 해결의 어려움이 있다. 이는 2000년 가까이 지속된 양측의 뿌리 깊은 역사적 반목과 종교적 이유에서 기인하는 것으로 볼 수 있다. 바로 이러한 이유 때문에 분쟁이 재연될 가능성이 쉽게 가시지 않고 있으며, 이 지역의 안정은 세계평화의 시금석이 되고 있다.

유대인의 조국, 이스라엘은 어떤 나라인가

　유대인들은 한 나라에서 다른 나라로 도망쳐 가기만 해서는 안전하게 살아갈 수 없으며, 자기 나라를 세워야만 자신을 구할 수 있다고 생각했다. 1948년 건국 이후 세계 각 지역에 흩어져 살던 유대인들은 새로 건설된 조국을 찾아 귀국하기 시작하였으며, 하나의 통일된 민족국가로 자리매김하였다. 당시 이스라엘로의 귀환 행렬은 제2차세계대전 이후 유럽 대륙 도처에 산재해 있던 난민촌의 유대인들로 이뤄졌고 약 33만 명이 조국으로 귀환했다. 중동 지역에 거주하고 있던 약 24만 명의 유대인들도 귀환 대열에 합류했다. 이스라엘로의 귀환 인구는 이후에도 꾸준히 증가하여 1998년까지 해외 유대인들의 귀환자 수는 260만 명에 달했다(강영수, 1999). 유대인이 이스라엘 국민이 되기 위해 시험을 치를 필요는 없었다. 이스라엘에 와서 자기는 시민이라고 말하기만 하면 그것으로 족하였다. 이스라엘에 살고 있는 모든 아랍인에게도 시민권을 주었다. 선거권, 보통교육을 받을 권리, 능력에 따라 직업을 선택할 권리가 성·종교·종전의 신분 여하를 막론하고 모든 사람에게 주어졌다.

이스라엘은 북쪽으로는 레바논, 동쪽으로는 요르단 그리고 서쪽으로는 지중해에 접하고, 뾰족한 V자 모양의 남부 지역은 서쪽으로는 이집트, 동쪽으로는 요르단과 국경을 맞대고 있다. 인종은 유대인이 82%로 가장 많고 기타 아랍인이 18% 정도를 차지하고 있다. 공용어로는 고대 유대인들의 언어였던 히브리어를 다시 부활시켜 채택하였다. 영어는 제2외국어로서 이스라엘 국민들이 폭넓게 사용하고 있다. 따라서 모든 도로와 공공장소의 표지를 히브리어·아랍어·영어로 함께 표기하고 있다.

이스라엘은 국토 면적이 우리 나라의 1/5 남짓하다. 인구는 1998년 말 600만 명을 넘어섰다. 이 중 유대인은 약 470만 명이고 비유대인은 약 130만 명이다. 이스라엘의 경우 남녀 모두 18세에 징집되며 남자는 3년, 여자는 2년간 의무적으로 군복무를 해야 한다. 이스라엘은 내국인뿐만 아니라 세계 각국의 용병들도 적극적으로 끌어들이고 있는데 이로 인해 군대는 약 80여 개국의 서로 상이한 언어·문화·생활환경 속에 있던 이주민들을 유대사회의 시민으로 재교육시키는 용광로 역할을 하고 있다.

1948년 건국 이후에야 비로소 세계 각지에 흩어져 살던 유대민족이 일정한 영토를 갖고 공동체 생활을 하기 시작했기 때문에 비록 유대인이라는 민족정체성은 갖고 있지만, 다양한 윤리적·사회적·문화적 배경을 갖고 있어 사회가 역동적이고 활력적이다. 사회구성원 간의 관계도 예의보다는 실리를 앞세우고 실질적이고 직접적인 관계가 일반적이다. 특히 2천 년이 넘는 디아스포라 혹은 유랑생활의 경험으로 인해 19세기 말부터 형성된 시오니즘 운동을 통하여 조상의 땅을 찾으려는 열망을 구체화시키기 위해 자신들만의 독특한 정치적·사회적 유형을 만들어 가고 있다. 현재 이스라엘은 다양한 사회 집단 간의 이해에 바탕을 두고 자신들의 필수적 가치들, 즉 조상의 땅에 유대국가의 건설, 지속적인 유대인들의 이주, 민주적인 통치, 평화 획득 등을 위해 나아가고 있다.

지식인, 숙련노동자들이 대부분인 유럽계 유대인들은 건국 초기부터 정치·경제·군사부문에서 두각을 나타내고 있는데 반해 미숙련노동자로 이루어진 아프리카·중동계 유대인들은 사회구조의 하층을 형성하여 유대인 사회 내에서도 갈등의 씨앗이 되었지만, 건국 이스라엘에서 새로이 태어난 세대들이 사회의 주류를 형성함에 따라 이는 점차 해소되고 있다. 현재 이스라엘은 다양한 사회 집단 간의 이해에 바탕을 두고 조상의 땅에 유대국가 건설, 유대인들의 이주와 아랍으로부터의 도전 격퇴라는 중대사를 차질 없이 이루어 나가고 있다. 2002

년 다국적 여론조사기관인 TNS가 33개국을 대상으로 일과 직장에 대한 애착도를 조사한 결과 이스라엘이 1위로 나타났을 정도로 이스라엘 사람들은 일에 열심이다. 이스라엘 회사들을 방문하면 대부분 점심시간이란 게 없다고 한다. 샌드위치 한 조각과 바나나 하나면 족하다고 한다. 형식보다는 실질을 중시하여 사장이라도 넥타이를 거의 매지 않는다. 군사력은 과거 4차례에 걸친 아랍과의 전쟁에서 잘 드러났고 외교에서는 세계 초강대국인 미국의 절대적인 지지를 받고 있다. 미국으로부터의 지지는 이스라엘의 국익을 해치는 정책을 고집하는 미국 정치인은 성공하기 힘들다는 말이 돌 정도로 절대적이다.

1948년 건국 이후 미국 및 서방 유대인들의 지원과 홀로코스트에 대한 독일 정부의 보상이 이스라엘 경제성장(건국 후 10년간 GDP 연평균 10% 성장)의 견인차 역할을 해왔다. 이후 고급인력을 이용한 첨단기술 산업을 기반으로 중동 지역에서 유일한 산업국가로 성장하고 있다. 최대 수출산업은 다이아몬드 가공이며 최근에는 하이테크 분야에서 급성장을 하고 있다. 현재 이스라엘은 정보통신, 전자, 소프트웨어, 생명공학 및 의료 설비 부문에서 두각을 나타내고 있으며, '성지 이스라엘'이라는 국가 이미지에서 21세기에는 '하이테크의 나라'로 변모하기 위한 노력을 아끼지 않고 있다. 그러나 인근 아랍국가와의 분쟁 상태가 오래 지속되고 있어 이로 인한 국방비 및 사회복지비의 과다한 지출이 국가경제에 부담을 주고 있다. 1973년

제4차 중동전쟁 이후에는 약 10년간 경제침체를 겪기도 했다. 하지만, 1992년 팔레스타인과의 평화협정 체결 이후 연평균 7%의 고도성장을 이룩하고 있다. 이외에도 이스라엘은 유럽과 미국의 유대인 사회로부터 막대한 지원을 받고 있다.

현재 이스라엘은 세계 최고 수준의 첨단기술을 보유한 기술대국이다. 이스라엘은 '경제를 통한 평화'라는 전략을 내놓고 있다. 첨단기술로 무장한 경제강국이야말로 이스라엘이 펼쳐놓은 21세기 청사진이다. 사방이 아랍국가들에 포위되어 있으면서도 사막을 옥토로 만들었고 지금은 IT(정보통신), BT(생명과학), NT(나노기술)에서 고루 세계 최강을 자랑하고 있다.

인텔은 이스라엘에 2개의 공장과 4개의 디자인 센터를 세웠고, 여기에서 펜티엄 칩을 디자인하고 있다. 텔아비브에서 하이파에 이르는 지중해변에는 모토롤라, HP, 마이크로소프트, 퀄컴, IBM 등이 경쟁적으로 공장이나 연구개발 센터를 세웠다. 인구 1만 명당 엔지니어 숫자가 135명으로 세계 1위를 고수하고 있다. 또한 아랍국가들에 맞서 각종 무기를 개발하는 과정에서 IT기술이 급발전했다.

이스라엘 상공부에서 연구개발 분야를 맡고 있는 아즈리엘 헤마르 국제협력이사는 "무(無)에서 유(有)를 창조하는 하이테크는 미국과 러시아와 이스라엘뿐"이라며 특히 80년대 러시아에서 대거 이주해 온 유대인 과학자들이 큰 기여를 했다는 점을 밝히고 있다. 프랑스 유대인인 그는 하이테크 기업의 상당수가 대학에서 나왔고, 정부가 보육 프로그램으로 이들을 지원하면서 정부·학계·업계가 하나로 움직인다면, 테러로 불안하지만, 인재들과 연구개발력이 있기 때문에 선진기업들이 몰려온다고 말한다(최홍섭, 2002).

하이테크 분야에서의 약진은 현재 나스닥에 100여 개의 이스라엘 업체가 상장되어 있다는 사실에서 잘 드러난다. 외국으로서는 캐나다 다음으로 많은 수이다. 미국 시장 진출이 단지 유대인 네트워크 덕분에 가능했다기보다는 그만큼 기술력과 경쟁력을 갖추고 있기 때문이다.

유대인 사회는 교육을 사회의 기본 가치이자 미래의 장을 여는 열쇠로 인식하고 중시하는 만큼 국가수립 이전부터도 완전한 교육체제를 갖추고 있었다. 이스라엘 교육체제의 목표는 윤리적, 종교적, 문화적, 정치적 배경이 다른 곳에서 온 사람들과 함께 공존하는 민주적이고 다원적인 사회의 책임있는 구성원이 되도록 하는 데 있다. 이스라엘은 6세부터 16세까지 의무교육이며 정규교육은 초등교육(1-6학년), 중등교육(7-9학년), 직업교육(10-12학년)으로 이어진다. 학교는 성격에 따라 대부분의 학생들이 다니는 공립학교, 전통 및 계율과 같은 유대인 교육에 중점을 두는 공립종교학교, 아랍어로 교육하며 그들의 역사 및 종교, 문화에 중점을 두는 아랍과 드루즈학교 그리고 사립학교로 나뉜다.

그들은 아랍국가들과 대치하는 상황에서도 국가예산을 국방보다 교육 분야에 더 많이 할당해 왔는데, 국가총소득의 10%에 달한다. 이 예산으로 그들은 전 국민을 5세부터 12년간 무상으로 교육시키며, 평생교육을 통해 인구 3명 중 1명은 정규 교육을 받도록 하고 있다.

이스라엘은 독립 후 50여 년간 국가안보를 최우선의 기치로 설정하여 사실상 사회 모든 부분이 이에 종속되어 왔다고 볼 수 있다. 이로 인해 서구 사회의 문민 우위의 전통과는 사뭇 다른 독특한 군사문화가 사회 전반에 스며들어 있다. 인구의 대다수는 도시에 거주하며 전형적인 서구식의 일상생활을 영위하고 있지만 키부츠(kibutz)라고 하는 독특한 집단농장 거주민들도 약 3%를 차지하고 있다. 이 농장에서는 의사결정, 음식장만, 경제활동, 자녀교육 등 모든 것들이 공동으로 결정·수행된다. 이러한 집단농장은 전통적으로 유대인들의 농업생산의 기반이었으나 현재는 가내 수공업이나 도시화된 공동체인 모샤브(moshav)에 자리를 내주고 있다.

이스라엘은 유대인이 중심을 이룬 엄격한 부계 사회지만 사회구조나 업무수행에 있어서는 성차별이 거의 없다. 또 국가에서 다산을 장려하므로 여성들은 출산과 양육으로 인해 불이익을 당하지 않는다. 국민보험제도 덕분에 산모들은 분만 및 산후조리비용의 혜택을 받으며, 직장에 다니는 엄마들에게는 3개월 유급 출산 휴가와 1년간의 양육 휴가도 보장된다. 엄마가 임신한 후부터 아이가 만 3세가 될 때까지는 산전·산후 지도 및 예방 접종과 약품을 무료로 제공해 주는 모자센터도 있다. 자녀를 둔 여성은 하루에 9시간 이상 일할 수 없도록 하고 있으며, 자녀가 아플 때는 휴가도 낼 수 있다. 다른 사회제도들도 가정을 생활의 중심에 두도록 짜여져 있다. 그래서 이스라엘에서는 전체 부부의 95%가 맞벌이를 하며, 가사나 육아를 남녀가 평등하게 나눠 하는 풍토가 굳어져 있다. 이스라엘 부모들이 합리적이고 너그러울 수 있는 것도 이러한 사회구조 덕분이라고 볼 수 있다.

디아스포라의 유대인

    20세기 중반 이스라엘 건국 후에도 유대민족은 세계 각국에 흩어져 살고 있다. 1990년 1,300만 명의 유대인 중 90%가 미국·이스라엘·구소련·프랑스·영국 등 5개국에 살고 있으며, 이중 3/4이 미국과 이스라엘에 살고 있다. 흩어진 유대인은 그들이 정착한 나라에서도 아주 낮은 비율을 차지하고 있다. 유대인의 수가 가장 많은 미국에서도 인구의 3%에 지나지 않고 있다.

    유대인의 이산은 전세계에 걸친 분산 그 이상의 의미가 있다. 유대인의 디아스포라에 있어 특이한 것은 민족의 대다수가 역사적인 조국(historic homeland) 밖에서 살았으며, 분산의 형태도 한 때는 동유럽, 또 다른 때는 이슬람 국가 그리고 오늘날에는 미국 등으로 변화했다는 것이다. 이미 잘 알려진 바와 같이 전세계 유대인의 46%가 미국에 거주하고 있어 이스라엘에 거주하고 있는 유대인보다도 훨씬 높은 비율을 보이고 있다. 미주 지역의 경우, 93%가 미국과 캐나다에 거주하고 있으며, 6%가 아르헨티나·브라질·우루과이 등지에 그리고 1%는 멕시코·파나마 등지에 거주하고 있다. 유럽의 경우, 유럽연합에 약 100만 명 정도가 거주하고 있으며 이중 프랑스에 53만 명, 영국에 약 30만 명 정도가 거주하고 있어 가장 높은 비율을 보인다. 구소련의 경우에는 러시아에 약 41만 명, 우크라이나에 약 25만 명 정도가 거주하고 있다. 아시아에는 이스라엘에 약 98%(약 440만 명)의 유대인이 거주하고 있으며, 남아프리카에는 89%가 남아프리카 공화국에 그리고 오세아니아에는 95%의 유대인이 오스트레일리아에 거주하고 있다.

이와 함께 전세계에 흩어져 있는 유대인들 중 적어도 100명 이상이 거주하고 있는 국가는 94개국에 이르고 있으며 10만 명 이상도 9개국에 이르고 있어 유대인들의 거주 지역이 매우 광범위하게 퍼져 있음을 알 수 있다. 이렇듯 유대인들은 전세계에 흩어져 살고 있다는 특징을 보이는 반면, 동시에 일정 지역에 상당히 집중되어 있음을 알 수 있다. 유대인들의 95%가 미국·이스라엘·프랑스 등 10여 개국에 집중되어 있으며, 77%가 미국과 이스라엘에 거주하고 있다.

미국의 유대인

미국에 처음으로 유대인이 상륙한 것은 1684년으로 수십 명의 유대인 이주자가 현재의 뉴욕에 상륙했다. 이들은 세프아디라 불리는 스페인·포르투갈계의 유대인이다. 17세기 중엽은 스페인에서 쫓겨나 각지에 흩어진 유대인들이 동유럽에서 새로운 난국을 맞이하고 있었던 때이다. 1648년에는 우크라이나의 코작에서 유대인 학살이 일어났다. 그 해부터 1656년에 걸쳐 죽은 유대인들은 10만 명이 넘는다고 한다. 그 결과 폴란드를 중심으로 유대인 난민의 무리가 생겼고 그 일부가 미국으로 건너왔던 것이다. 그러나 그때부터 약 200년은 이주자의 집단이 대규모는 아니었다. 예를 들어, 독립 전쟁 당시(1775~1783년) 미국 내의 유대인 총인구는 기껏해야 3천 명에 지나지 않았다.

19세기 중엽이 되면 모습은 급격히 변한다. 19세기 후반 유럽 전역에 퍼진 반유대주의로부터 벗어나기 위한 대규모의 이주가 시작되었다. 이 때의 유대인들은 주로 독일계였다. 미국으로 건너온 독일계 유대인들은 행상으로서 경쟁 상대가 적은 지역을 찾아 미국 전역으로 퍼져나갔다. 남동부와 서부의 대서양 연안 지역에 정착한 유대인들은 정치·경제면에서도 성공했고 중산층으로서 안정된 생활을 유지할 수 있었다. 1880년 당시 유대인 인구는 뉴욕에서만 8만에 달했다.

미국에 유대인들이 몰리기 시작한 것은 제2차세계대전 직후이다. 그 이전까지는 유럽에 60% 정도가 모여 살았다. 특히 폴란드와 구소련 땅에 무려 6백여만 명이 밀집돼 있었다. 이른바 「쉰들러 리스트」가 횡행했던 시절인 1939년부터 1945

년까지 나치의 대학살로 6백만 명이나 희생된 후 유대인들은 미국으로 몰려들기 시작했으며 대부분 뉴욕에 자리를 잡았다.

북미의 유대인들은 유대인의 정체성을 유지하는 한편 미국의 주류 문화에도 잘 적응하고 있다. '유대인다움'이라고 하는 말은 음식 금기사항과 관련된 유대인 율법을 따르는 것과 같은 종교적인 측면보다는 이디쉬어(Yiddish, 히브리어와 독일어를 합성하여 고안해낸 언어)의 사용과 가족전통과 같은 보다 세속적인 의미로 종종 정의된다.

모든 유대인들이 종교적인 것은 아니다. 어떤 이들은 그들의 유대인답다는 것을 사회적이거나 문화적인 정체성으로만 이해한다. 유대인이라는 것이 의미하는 바를 이해하는 일은 어린 시절에 시작된다. 가정에서 해주는 이야기를 통해서 되어지기도 하고, 로시 하샤나(설날, Rosh Hashanah)·욤 키푸르(속죄일, Yom Kippur)·유월절과 같은 유대인 의식이나 축제에서 일어나기도 한다. 히브리 학교나 유대교 사원의 유년부에 들어감으로써 사회화가 또한 진행되기도 한다.

유대인들 사이의 결혼과 가족관계는 미국인들과 많은 부분이 같다. 유대인 가족은 자녀를 보다 적게 두는 한편, 자녀 중심이고 참을성이 있으며 관용적이다. 아내는 일반적으로 남편의 성을 따르지만 유대인의 정체성은 어머니를 따라 이어진다. 즉, 어떤 사람의 어머니가 유대인이면 유대인 율법에 따라 그도 유대인이다. 그러면 그러한 위치에 따라 모든 권리와 특권을 부여받게 되며 여기에는 이스라엘로 이주하여 시민으로서 정착할 수 있는 권리도 포함된다. 유대인들은 다양한 분야에서 일하고 있으며, 중소기업·통신·연예계·의료계·법조계·회계업에 종사하는 경우가 많다.

유대인들의 미국 초기생활은 어쩌면 한인 동포보다 훨씬 못했을 수도 있다. 게딱지 같은 집에 두·세 가족이 빼곡하게 몰려 살았다. 한 개뿐인 화장실을 공동으로 사용할 정도였다. 하나같이 이들은 3D 업종에 종사했다. 유대인 봉급자의 3분의 2가 봉제업에 종사할 정도였다. 새벽부터 밤늦게까지 1주일간 뼈 빠지게 일해 봤자 손에 쥐는 돈은 남자는 6달러, 여자는 3-5달러가 고작이었다. 장사도 저가품 위주였다. 미국 시장에 잡화·인조보석 등 값싼 물건을 들여오기 시작한 게 유대인이었다. 최근 미주 한인들이 주로 운영하고 있는 세탁소나 식료품·청과물 가게의 대부분은 과거 유대인 소유였다.

그러나 유대인들은 모든 역경을 이겨내고 미국 사회 각 분야에서 두각을 나타내고 있다. 현재 미국 총인구 2억 8천만 명의 2.2%에 해당하는 600여만 명의 유대인들의 영향력은 막강하다. 따라서 그들은 미국 내에서 소수민족이라는 범주에 속하기는커녕 오히려 다수 세력을 형성하고, 그것도 각계각층의 최고 상층부를 구성하고 있다. 특히 미국의 유대인들은 미국뿐만 아니라 국제 사회 전반에 걸쳐서 월등하게 중요한 위치를 차지하고 있다. 이러한 확고한 위치는 앞으로도 상당 기간 지속될 것으로 보인다.

이스라엘보다 많은 숫자의 유대인이 살고 있는 초강대국

미국의 경우, 1983년에 미국 유대인단체에서 유대인을 대상으로 조사한 자료에 따르면, "이스라엘에 대한 걱정은 나 자신이 유대인으로서 매우 중요하다"고 인정한 사람들은 지도자층의 90%, 일반인의 78%에 이르며, "이스라엘에 대한 우호적인 태도"는 90% 이상이었다. 이들은 매년 10억 달러 이상을 모아 이스라엘에 송금하며, 대통령 선거시 유대인의 지지를 받지 않고 당선된다는 것은 상상할 수 없는 일이라고 한다. 그만큼 커다란 영향력을 갖고 있다.

미국과 이스라엘, 이 두 나라는 유대인 생활의 양대 축인 셈이다. 본토 이스라엘이 전통을 보존하는 일을 맡는다면 미국은 본토 밖에서 전세계 유대인을 지원하는 역할을 한다. 미국의 중동정책은 워싱턴이 아닌 이스라엘의 예루살렘에서 만들어진다는 말이 공공연하게 나돌 정도이다. 미국은 세계인구의 1/1,000밖에 안되는 이스라엘에 미국 대외원조의 1/5을 할애한다. 경제·군사적 지원과 아울러 외교적 지원은 거의 절대적이다.

그 배경은 미국의 발전에 대한 그들의 공헌도에서 찾을 수있다. 공헌도가 높은 만큼 유대인들이 미국 사회에서 차지하는 위상이 높고 발언권이 강력하기 때문이다. 미국의 발전에 크게 공헌한 미국 유대인의 핵심은 금융분야에 밝은 독일계 그리고 제1·2차세계대전의 소용돌이 속에서 미국으로 피난한 우수한 지식층이라고 할 수 있다.

한편 돈을 삶의 최고 가치 가운데 하나로 여기는 유대인들이 자선사업과 사회단체에 많은 돈을 기꺼이 내는 것은 일종의 장기적인 투자로 볼 수 있다. 어느 단체든 기부금을 많이 내는 사람은 자연히 대접을 받고 아울러 단체 내에서 그의 영향력과 발언권이 커질 수밖에 없다. 또한 이 전통은 자손들에게도 계승되어 유대인이 미국에서 영향력을 계속해서 유지할 수 있는 배경의 하나가 되고 있다.

이렇게 미국 사회에서 두각을 나타내고 있는 유대인 사회에도 고민이 없는 것은 아니다. 무엇보다도 최근 미국 내 유대인 인구는 지속적으로 감소하고 있는 것으로 나타나 주목받고 있다. 1990~2000년 사이에 약 30만 명이 감소해 1800년 이후 처음으로 줄어들었다. 유대인공동체연합의 '전국 유대인 인구조사'에 따르면 1990년 약 550만 명이던 유대인 인구가 2000년에는 5% 감소한 520만 명으로 집계되었다. 그 동안 미국 전체인구 중 유대인이 차지하는 비율은 계속 감소해 왔지만 절대 인구수가 준 것은 이번이 처음이다. 1937년 미국 전체 인구의 3.7%를 차지했던 유대인 인구는 1960년대에 3% 이하로 떨어졌고, 1970년대 이후 평균 2%를 유지해 왔다.

유대계 미국인의 인구 감소는 유대인 부부들이 대학원을 졸업하고 직장에서 자리를 잡는 30대 중반까지 출산을 미루기 때문에 나타나는 현상이며, 부유한 고학력층일수록 출산율이 낮다는 미국 사회의 한 단면을 반영하는 것으로 볼 수 있다. 이에 반해 700만 명으로 추산되는 미국 내 무슬림 인구는 꾸준히 증가하고 있어 현재는 유대계 미국인들이 무슬림계 미국인들보다 더 영향력이 큰 것은 사실이지만 앞으로는 인구 때문에 상황이 달라질 수도 있다고 예상된다.

최근 시온주의자들을 중심으로 친유대 정책이 9.11 테러를 자초했다는 비판과 함께 미국 내 반유대 감정이 증폭되고 있다는 점도 유대인 사회를 긴장시키고 있다(Park, 2002). 팔레스타인에 대한 침략과 군사행동으로 이스라엘에 대한 미국인들의 지지가 떨어지고 있는 것도 유대인들을 긴장시키는 또 한 가지 원인이다. 팔레스타인이 이스라엘군의 웨스트뱅크와 가자지구 점령에 항의해 소위 인티파타라는 무장봉기가 시작될 무렵, ABC방송의 여론조사에 의하면 미국인 중 69%가 이스라엘을 지지하고 있었다. 그러나 레바논에서 4천 명의 난민을 조직적으로 학살한 혐의를 받고 있는 아리엘 샤론 수상이 지휘하는 유혈극이 계속되면서 이스라엘의 팔레스타인 정책에 지지하는 사람들은 절반 이하인 41%로 떨어졌고 59%가 반대로 돌아섰다.

9.11 테러 이후 무차별로 백안시당했던 아메리칸 아랍인들이 최근 들어 미국이 테러의 대상이 되고 이처럼 황폐해지고 있는 것이 유대인들 때문이라며 목소리를 높이고 있는 것도 미국 내 유대인들을 당황시키고 있다.

실제로 2002년 6월 워싱턴에서 열렸던 미국무슬림의회(AMC, American Muslim Council)에서 참석자들은 시온주의자들이 미국을 파괴시키고 있다고 규탄했다. 유대인과 기독교인들을 중심으로 한 시온주의자들이 팔레스타인에 대한 잔인한 탄압과 점령정책을 무리하게 지지함으로써 9.11 테러를 맞게 됐고 이후에 이어지는 미국과 미국인에 대한 테러위협을 자초했다는 주장이다. 한편 미국 내 7백만 아랍인들을 대표하는 AMC의 주장이 미국의 주요 언론에 전해지면서 큰 파장을 불러 일으켰다. 특히 유대인 조직에서는 이 같은 9.11 테러의 근본원인은 유대인이라는 AMC의 공격에 크게 긴장하는 모습을 보이고 있다.

호주의 유대인

호주의 유대인 공동체는 태평양 지역에서 가장 크다. 호주는 영국의 영토였던 최초의 시기에 죄수들의 유형지로서 식민지로 개발되었다. 유대인들은 1700년대 영국에서 호주로 추방된 최초의 죄수 가운데 속해 있었다. 1800년대 무렵에는 완전히 자유시민들로 구성된 유대인 공동체가 만들어졌다. 유대인들은 주로 영국과 동유럽에서 계속되는 이민의 물결을 이루며 이 곳에 왔다. 1800년대의 골드러쉬가 유대인들이 호주로 이민 오게 된 하나의 원인이었다.

제2차세계대전 이전과 이후에, 독일과 동유럽에서 온 유대인들은 호주에서 피난처를 발견하게 되었다. 이 나라는 유대인 박해에서 살아남은 수만 명의 사람들을 받아들였으며, 오늘날 호주는 세계 어느 유대인 공동체보다도 유대인박해 생존자율이 가장 높은 곳이다. 호주 유대인 인구의 절반 이상이 멜버른에서 살고 있다.

유대인 공동체에서는 많은 사람들이 두 가지 언어를 사용한다. 영어, 이디쉬어, 독일어, 폴란드어, 아이브리트어(현대 히브리어)와 헝가리어가 중요한 언어이다. 직업으로 볼 때 호주의 유대인들은 의류와 제조업 부문에 많이 집중되어 있다. 65% 이상이 자영업을 하거나 자기 자신의 사업체를 운영하는 사용자들이다. 의사, 법조인, 엔지니어도 중요한 직업이다.

호주의 유대인 공동체는 영어를 사용하는 다른 지역 유대인 공동체와 구별이 된다. 유대인 주간학교의 입학률이 아주 높다는 것(전체 초등학교 학생 수의 75%와 전체 고등학교 학생 수의 55%)과 비유대인과의 결혼 비율이 10% 미만으로 낮다는 것이 그것이다.

멜버른은 세계에서 유대인 주간학교가 가장 많은 곳이다. 유대인 신문과 정기간행물도 몇 가지 있다. 매주마다 호주의 민족 라디오 방송국은 영어, 히브리어, 이디쉬어로 유대인들이 관심을 갖는 프로그램을 몇 시간씩 방송한다. 대도시에는 코셔(kosher, 공인된 유대인의 전통음식)를 준비할 수 있는 식당과 제과점이 있다. 유대인 박물관도 있으며 멜버른에는 유대인 극장이 있고 종종 이디쉬어로 상영된다. 모든 연령층의 수천 명의 사람들이 매년 마카비 운동경기에 동참하며 이어 성대한 카니발을 벌인다(한국컴퓨터선교회, kcm.co.kr).

아시아의 유대인

유대인들은 독특한 역사와 문화 때문에 강한 정체성 의식을 갖고 있다. 그들은 세계 도처의 다른 유대인들과 많은 점에서 공통되기는 하지만, 아시아의 유대인들은 상당히 뚜렷한 생활양식을 갖고 있다. 아시아 지역에 거주하는 유대인들 대부분은 아쉬케나짐(Ashkenazim)으로서, 유럽의 독일 지역에서 살았던 유대인의 후손들이다. 그들의 가장 두드러진 특징 중의 하나는 이디쉬어를 사용한다는 것인데, 이는 히브리 요소를 어느 정도 가지고 있는 독일계 방언이다. 아쉬케나짐 대부분은 제2차세계대전 중이나 그 전에 소련의 다른 지역으로부터 중앙아시아로 왔다.

부하라(Bukhara)의 유대인들은 우즈베키스탄과 타지키스탄에 살고 있는 토착 집단이다. 그들은 우즈베키스탄의 부하라에 주로 정착했기 때문에 부하라인으로 알려져 있지만, 자기들은 이스라엘인이나 야후디(Yahudi)로 알려지는 것을 더 좋아한다. 그들은 5세기에 페르시아로부터 나온 이스라엘 10개 부족의 후손이라고 이야기한다. 이들은 타직(Tajik)의 유대인 방언인 보하라어(Bokhara)를 사용한다. 또한 약 1만 명의 유대인들이 인도, 주로 봄베이와 그 외곽지대에 살고 있다. 그들은 베네 이스라엘(Bene Israel, 이스라엘의 아이들)로 알려져 있으며 마라티(Marathi)라고 하는 인도-아리안어를 사용한다.

아쉬케나짐 후손인 유대인들은 구소련의 다른 유대인들과 상당히 유사한 생활양식을 가지고 있다. 그러나 구소련의 다른 지역의 유대인들보다 더 많은 자유가 허용되었으며, 고집스러울 정도로 유대교를 고수하고 있다. 행상인, 구두 만드는 사람, 이발사로 일하는 사람도 있기는 하지만 많은 이들은 공장노동자나 집단농장의 노동자들이다. 최근에는 많은 수의 유대인이 경제적 궁핍이나 정부의 민족주의적 경향에 겁을 먹고 우즈베키스탄을 떠났다.

소련 통치 동안 부하라의 남녀는 버터, 벽돌이나 섬유를 생산하는 공장에서 일했다. 최근에 그들은 제화업, 미용업, 재단사, 사진사 등의 전통적인 직업으로 많이 돌아왔다. 여자들은 유대인이나 무슬림의 결혼식에서 특히 춤을 잘 추는 것으로 알려져 있다. 그 밖에 교육받은 상당한 수의 부하라 유대인들은 엔지니어, 의사, 교사, 음악가로 일한다.

봄베이에 거주하는 유대인들은 다양한 직업에 종사한다. 어떤 이들은 서비스 산업이나 점원, 기계공, 화이트칼라 사무직, 숙련 노동자로 일한다. 의사, 교사, 법률가 같은 전문직 종사자도 상당수 있다. 대부분의 봄베이 유대인 가정은 전형적인 핵가족이며, 이혼은 전혀 허용되지 않고 또 드문 경우에 속한다(한국컴퓨터선교회, kcm.co.kr).

유대인의 위력

지구에는 대개 60억의 인간이 살고 있는데 그 중의 1,400만 명, 즉 단지 0.23%가 유대인이다. 통계적으로 말하면 거의 알려지지 않은 무력한 소수민족이라고 해도 좋을 것이다. 그러나 이 소수민족이 지구상에 미치고 있는 힘은 인구의 비율과는 거의 반비례한다고 해도 좋을 만큼 강대하다. 예를 들면 노벨상 수상자가 차지하는 유대인의 비율을 보면 0.23%라고 하는 숫자가 마치 거짓처럼 보이며, 세계의 두뇌 중에서 유대인이 차지하는 비율이 얼마나 큰가를 알 수 있다.

경제 분야에서 우리에게 잘 알려져 있는 프리드먼이나 새뮤얼슨 등은 유대인이다. 의학 분야에서는 콜레라균의 발견자 코흐, 스트렙토마이신의 발견자 왹스먼, 페니실린의 발견자

체인 등이 있다. 물리학 분야에서는 상대성이론의 아인슈타인을 비롯하여 헤르츠, 보른, 라비, 글레이저, 란다우 등이 있다. 화학 분야에서는 유기화학에서 발라효, 빌슈테터, 라이히슈타인 등이 있고, 무기화학에서는 모아상이 있다. 문학 분야에서는『의사 지바고』의 파스테르나크, 독일의 시인 작스, 이스라엘의 아그논 등이 있다.

여기서 흥미로운 사실은 유대인 수상자의 대부분이 이스라엘에 있는 사람이 아니고, 이산 유대인 즉 세계 속에 흩어져 있는 유대인들이라는 점이다. 그들은 그 우수한 두뇌를 가지고 세계의 온갖 분야에서 학문연구를 주도하고 있으며 또한 현실 세계의 동향을 크게 좌우해 오고 있다.

유대인들이 무척 싫어하는 말이 있다. "세계 초강국인 미국에 대한 영향력이 대단하다"는 말이다. 이것은 반유대주의적 발상이라는 것이다. 대신 "인류문명에 기여했다"는 소리를 들으면 비로소 웃는다. 아인슈타인, 프로이트, 마르크스, 키신저, 스필버그, 엘리자베스 테일러 등 시대를 뛰어 넘어 각 분야에서 활약한 간판 스타들의 이름을 보면 거의 모두 유대인이다.

"만일 유대인들이 북반구에 분산 이주하지 않았다면, 근대 자본주의는 발생하지 않았을 것이다"라고 좀바르트가 말했듯이 유대인들의 영향력은 막대하다. 어떠한 분야에서든 국제무대의 정상에 이르려면 유대인과의 직·간접적인 접촉이 불가피하다는 말까지 있다. 이는 그들이 국제 금융, 언론, 정보, 정치, 학계 등 다방면에서 주도적인 역할을 하고 있기 때문이다.

이들 유대인이 디아스포라의 중심인 미국과 조상의 땅인 이스라엘을 축으로 세계 무대의 각 분야에서 맹활약을 하고 있으며 그들의 위력은 대단한 것으로 알려져 있다. 세계적인 대기업인 록펠러, 모건, 뒤퐁, 로열더치, GE, GM, ATT, IBM, 보잉, US스틸, 제록스 등의 기업은 미국의 대표적인 유대인 자본가가 이룬 초 일류급 회사들이다. 여기에 유대인 재력가들의 기업군이 직간접으로 간여하는 부분까지 합치면 그 힘은 엄청나다.

세계금융시장 역시 유대자본이 경영권을 장악하고 있는 미국의 은행이 지배하고 있다. 미국 은행의 최대 5개 은행 가운데 체이스맨해튼과 J.P 모건은 록펠러, 모건의 2대 유대재벌이 직영하고 있고, 뱅크오브아메리카는 영국의 최대 유대재벌인 로스차일드가(家)와 제휴하여 많은 지원을 받고 있다. 또한 월 스트리트에 본거지를 둔 투자은행, 최대의 돈줄인 메릴 린치를 비롯하여 솔로몬 브러더스, 모건 스탄제이, 파스트 보스턴 등이 모두 유대자본으로 경영되고 있다. 이와 함께 『포춘』지가 선정한 1백대 기업 소유주의 30-40%, 미국 내 백만장자 중 20%가 그들이라는 사실은 대단한 일이 아닐 수 없다. 그들의 이런 부(富)는 이스라엘 지지와 미국의 중동 정책 조정을 가능하게 한다.

세계금융시장의 주종을 이루는 곳은 런던, 뉴욕, 취리히 그리고 홍콩, 싱가포르의 순이다. 국제 유대자본은 세계시장 전역에 그 어떤 세력보다도 공고하고 치밀한 네트워크 체제를 갖추고 있다. 그리고 그것은 세계 최대의 자금 조달과 운용시스템으로 이루어지고 있다.

매스컴 분야에서도 유대자본은 큰 위력을 지니고 있다. 「뉴욕타임스」나 「워싱턴포스트」가 유대자본으로 경영된다는 것은 이미 잘 알려져 있으며 그 밖에 「월스트리트저널」 등의 경제지도 모두 유대인 자본으로 경영되고 있다. 자본뿐만 아니라 운영 분야에서도 유대인들은 중요한 역할을 담당하고 있다. 예컨대 미국 뉴욕타임스 발행인 아서 슐츠버그, 워싱턴포스트 명예회장 캐서린 그레엄, CBS방송 회장 로렌스 티시, 타임워너 회장 제럴드 레빈, 월스트리트저널 CEO 피터 칸 등이 모두 유대인이다.

미국에서는 1차 산업에서부터 제조·서비스업까지 그 영향력이 미치지 않는 분야가 없을 정도다. 뿐만 아니라 유럽의 로스차일드, 해운 왕 오나시스 등 각국에 퍼져 있는 자본력까지 감안하면 세계 경제는 그물 같은 유대인 자본에서 벗어나기 힘들다. 뉴욕의 월 스트리트에서 홍콩자본까지 유대인의 손이 안 미치는 곳이 거의 없다시피 할 정도다. 오늘날 유대인들은 뉴욕의 증권가를 움직이는 데 그치는 것이 아니라 전세계 주식시장의 배후 실력자로서도 활약이 대단하다. 유럽은 물론 아시아권에도 그 영향력을 미치고 있다. 월 스트리트는 365일 쉬지 않고 돌아가는데 이들 증권가도 유대인의 신년 명절인 로쉬 하샤나와 욤키푸르 축제일에는 쉰다는 말이 나돌 정도다. 이런 금융계를 주름잡는 투자가로 우리에게 잘 알려진 조지 소로스도 유대인이다.

미국의 정치에서 유대인의 영향은 경제 분야 못지 않게 큰 영향을 끼치고 있다. 그들은 루스벨트 정권 이래로 미국 정부의 중요한 정책 결정에 관여해 오고 있다. 유대인들의 정치적 위치는 상원의원의 10%, 대통령의 자문역, 각 부처 장관, 최고재판관, 원자력 위원장 등의 요직에 배치되어 있다는 데에서 잘 나타난다. 이처럼 권력 핵심부에 있는 유대인들은 그들의 위치와 역할을 이용하여 그들과 이스라엘의 이익을 위한 정책결정에 큰 변수가 되어 왔다. 미국은 매년 이스라엘에 군사 원조 18억 달러를 포함하여 30억 달러씩을 지원하고 있다. 미국 대통령이 가장 먼저 해야 할 일 중 하나가 주미 이스라엘 대사를 만나는 것일 정도로 미국은 이스라엘을 소중하게 여긴다.

영화도 자유로운 유대인의 상상력과 응용능력에 경제적 수익성까지 가미된 그야말로 유대인의 재질이 가장 잘 발휘될 수 있는 사업이라 할 수 있다. 현재 미국에는 약 5백 개의 크고 작은 영화사가 있으며, 그 중에 파라마운트, 엠지엠, 워너, 폭스, 유니버셜, 콜럼비아, 디즈니를 '7대 메이저'라고 부른다. 이 가운데 만화영화로 성장한 디즈니를 제외한 6개의 영화사는 모두 유대인이 설립한 기업이며, 오늘날까지 유대계의 참여가 매우 큰 비중을 차지하고 있다. 사실 할리우드의 기획자, 제작자, 감독, 캐스팅, 시나리오 작가, 음악담당과 아울러 극장주, 배급자의 다수가 유대계이다(박재선, 2002).

이러한 유대인 파워의 속성에 대해서는 민족성보다는 환경적 요인이 설득력을 얻는다. 즉, 나라 없이 떠돌면서 생존을 위해 끊임없이 자기개혁을 하고, 주변 환경에 맞춰 살아야 하는 상황에서 나온 힘으로 이해될 수 있다.

유대인의 상술(I)

유대인은 흔히 '상술의 천재'라고 한다. 그래서 '유대인 상인'이라든가 '유대인의 상술'이라는 말을 듣기만 해도 '돈버는 비법을 배울 수 있지 않을까'하는 생각으로 귀를 기울이는 사람들이 많다. 그리고 실제로 유대인들 중에는 성공한 상인들이 많이 있다. 유대인의 이러한 특성은 그들의 역사와 깊은 관계가 있다. 유대인의 상술은 끊임없는 박해와 이주의 역사 속에서 철저하게 만들어진 것이기 때문이다. 쓰라린 역사를 통해 유대인은 상술의 기회를 포착하는 감각을 얻게 되었다.

유대인에게는 소위 말하는 세속적인 성공이 인생의 커다란 목표였다. 그들에게 지위 향상의 의지는 보통 이상의 것이었다. 그래서 위험을 무릅쓰고도 투자할 시기에는 과감히 도전하였다. 이러한 예는 유대인의 할리우드 투자에서 잘 드러난다. 사실 영화사업은 성공과 실패가 분명한 것으로 한번 인기를 끌면 막대한 이익을 얻지만, 실패하면 파산하는 위험성이 높은 분야이다. 이러한 할리우드를 지배하고 있는 사람들이 바로 유대인들이다. 투기적인 요소가 있는 할리우드 사업은

'인생의 승부사' 유대인들에게 그들의 재능과 감각으로 큰 부를 모을 수 있는 절호의 승부처가 되었던 것이다.

유대인들은 지폐를 만들어 널리 유통시켰다. 언제 박해가 시작되어 도망가야 할지 몰랐기 때문에 무거운 동전보다는 가벼우면서도 고액인 지폐가 편리했기 때문이었다. 그리고 이것은 근대 경제를 발전시킨 최대의 공적으로 남는다.

어음이나 수표 등을 처음 만든 것도 유대인이다. 유대인 사회는 유럽에서 중동에 이르는 넓은 지역에 수많은 점처럼 분포해 있으면서도 같은 민족이라는 의식을 가지고 국경을 초월하여 장사와 금융 분야에서 서로를 도왔다. 그래서 그들끼리는 현금 없이 신용장이나 수표로 거래하는 일이 가능했으며, 지참인이 지불하는 수표도 고안해 냈다.

유대인은 장사 솜씨가 뛰어난 것으로 알려져 있다. 에누리를 하지 않고 물건을 파는 것, 다시 말해서 제값을 다 받고 물건을 파는 것을 생각해낸 것은 유대인이었다. 백화점이 바로 그것이다. 백화점은 상품의 제값을 다 받고 모든 상품을 고루 갖춘 가게라는 원칙과 특징을 가졌다. 백화점은 미국에서 유대인이 만든 것으로 처음에는 손수레를 끌고 이 동네 저 동네로 떠돌이 장사를 다니면서 벌어 모은 돈으로 세운 것이다. 한 대의 손수레에다 여러 가지 상품을 싣고 다니던 것을 한 지붕 밑에 여러 가지 상품을 고루 차려 놓고 팔고 있음이 다를 뿐이다. 백화점의 경우에서 볼 수 있는 것처럼 유대인은 새로운 분야를 개척하고 그 때까지는 없었던 것을 만들어 낸다.

그때까지 서구 사회에서는 '구두는 구두 상점에서, 냄비는 철물상에서'라는 사고에 얽매여 있었다. 하지만 유대인은 기존 시장으로부터 내몰렸기 때문에 기독교인과 같은 전문점을 열 수 없었다. 그들은 이렇게 불리한 상황을 역이용하면서 '백화점'이라는 개념을 생각해 냈다. 백화점에서는 여러 상점을 돌아다니는 불편 없이 한 상점에서 사고 싶은 물건을 모두 살 수 있었으며, 상품을 대량으로 구입하기 때문에 그만큼 단가를 내릴 수도 있었다.

세계경제에서 두각을 나타내고 있는 유대인의 상술은 각양각색이어서 한두 마디로 나타내기는 매우 어렵지만 그들의 일상생활 속에서 혹은 그들과 상담을 나눌 때 흔히 발견할 수 있는 특징을 간추려보면 대략 세 가지로 정리할 수 있다.

첫째, 유대인은 어릴 때부터 생활 속에 숫자를 끌어들이고 숫자를 생활의 일부로 여긴다는 점을 들 수 있다. 우리의 경우 일반적으로 "오늘 날씨가 매우 덥군요"라던가, "날씨가 어제보다는 풀렸습니다"라고 말하는 것이 보통이지만 유대인은 이를 숫자로 표현한다. 즉, "오늘은 화씨 80도입니다" 또는 "오늘은 어제보다 화씨 15도 정도 내려갔습니다"라고 정확한 수치로 표현하기를 좋아한다. 유대인은 오래 전부터 일상생활을 통하여 숫자에 익숙해지고 친밀해졌기 때문에 계산이 정확하고 돈벌이의 기회를 갖추게 된 것이다.

둘째, 유대인은 모든 계약을 신과의 약속이라고 믿고 있다는 것이다. 그렇기 때문에 유대인은 계약한 일에 대해서는 어떤 일이 있어도 반드시 이행하는 특성을 지니고 있다. 자신을 대신하여 사형대에 오르게 된 친구와의 약속을 지키기 위하여 어머니의 장례를 치른 후 천신만고 끝에 약속된 시각에 돌아왔고, 이들의 우정과 신의에 감탄한 왕이 그들을 사면했다는 일화는 유대인이 얼마나 그들의 약속에 충실하고 신의를 중히 여기는 백성인가를 보여주는 이야기이다. 유대인을 계약의 백성이라고 부르는 까닭도 여기에 있다. 그만큼 계약에 충실하고 또한 이를 반드시 이행하는 신용이야말로 유대인 상술의 핵심이다.

셋째, 유대인은 현금주의에 매우 철저하다. 그들은 상거래를 하는 상대는 물론 상담 시간까지도 현금으로 평가한다. 유대인 상술에는 천재지변이나 인간들에 의한 재난으로부터 내일의 생명이나 생활을 보장해 주는 것은 현금밖에 없다는 특징적인 관념이 깔려있다. 인간도, 사회도, 자연도 매일 변해간다는 것이 유대교 신의 섭리이며 유대인들의 신념이기도 하다. 유대인들에게 변하지 않는 것은 현금뿐이다.

수천 년간의 방랑생활과 박해 속에서도 유대인이 세계 제일의 재벌인 '로스차일드'나 구미(歐美)의 수많은 재벌들을 낳은 까닭은 바로 모든 사물을 수치화하는 습관, 계약을 충실히 이행하는 신용 그리고 철저한 현금주의를 생활화하고 있기 때문으로 이해될 수 있다.

유대인은 상인으로서 살아가는 것이 어쩔 수 없었기 때문이라곤 하지만, 어디에 가든지 그 지역의 상인들끼리 단단히 짜고 시장을 지배하는 등 아주 불리한 조건 속에서 장사를 해야만 했다. 이 때문에 유대인 상인들은 사업의 개척자로서 살 수밖에 없었다. 영화산업, 국제통신업, 광고업, 미디어산업, 정보산업 등 새 분야를 유대인들이 뚫고 들어가게 된 것이다. 또한 개척자로서 살아야 하는 운명에 처했기 때문에 유대 상인들은 마치 당돌하다 할 만큼 기지에 찬 발상을 무기로 삼게 되었다. 기지에 찬 아이디어, 그것은 틀에는 맞지 않는 사고나 상식 밖의 발상에 의해서만 생겨나는 것이다. 규격화된 머리로는 아무리 머리를 짜낸들 기지에 찬 아이디어가 떠오르지 않는다는 사실을 유대인들은 일찍이 깨달은 것이다.

유대인이 비즈니스에 있어 다른 어느 집단이나 민족의 추월을 불허한다는 평가는 유대인이 돈에 대해 갖고 있는 인식과 궤를 같이 한다. 유대인은 돈에 관한 한 더러운 돈, 깨끗한 돈을 가리지 않으며 돈으로 사람을 평가한다는 말이 나올 정도이다. 유대인의 격언 중 하나로 "사람의 마음에 상처를 입히는 세 가지는 번민과 불화와 비어 있는 지갑이다…… 돈은 악도 저주도 아니다. 돈은 인간을 축복해주는 고마운 것…… 부유함은 견고한 요새이고 빈곤은 폐허와 같다"라는 말이 있다. 이는 돈에 관한 그들의 사고를 엿볼 수 있는 내용이다. 지금도 그런 전통은 이어지고 있다. 최근 막대한 부를 축적한 러시아 마피아들의 자금세탁에 가장 애용되는 나라가 이스라엘이며 실제로 이스라엘 정부는 이를 규제할 법률이 없어 밀려드는 검은 돈에 전전긍긍하는 처지이기도 하다.

유대인은 또한 암산에 능하고 언어능력이 탁월한 민족으로 꼽히고 있다. 계산기에 뒤지지 않을 정도라는 암산능력과 보통 2개국어 이상의 언어를 구사할 수 있는 언어능력을 가지고 있다. 외국인을 평가할 때 한 요소로 외국어 구사능력이 작용할 정도다.

어려서부터 비즈니스에 참여하며, 계약에 철저하고 신용을 가장 중요시하는 것도 유대인들의 특징이다. 유대인과의 비즈니스에 있어 신용이 최우선이며 신용이 쌓이면 위험해도 밀어준다. 그러나 그들로부터 신용을 얻는 과정은 매우 까다로운데 그들은 엄격하고 정확하게 신용을 평가하기 때문이다. 그러나 유대민족이 우월한 점만 가진 것은 아니다. '사브라'라는 말은 선인장의 열매를 말하는 것으로 겉에는 가시가 많지만 속은 붉은 색으로 단맛이 나는데, 그만큼 유대인들이 사귀기 어렵다는 뜻이기도 하다. 종종 "유대인들은 모든 것을 돈으로 평가한다"는 비난이 있는가 하면 심지어 "바늘로 찔러도 피한 방울 나오지 않을 사람들"이라고까지 평하기도 한다.

유대인의 상술(II)

앞에서 어느 정도 언급되었지만 다음은 인터넷사이트(www.handong.co.kr/sang/yutae.html)에서 밝힌 유대인들의 기본적인 상술을 인용한 것으로 유대인 및 유대인 사회를 이해하는 데 도움이 될 것으로 기대된다.

이 세상은 78대 22의 법칙이 존재한다 유대 상술의 기초가 되는 법칙에 78대 22의 법칙이 있다. 예를 들어 정사각형과 그 정사각형에 내접하는 원의 관계를 생각해 보자. 정사각형의 면적을 100이라 하면 내접하는 원의 면적은 약 78이 되고 나머지 면적은 약 22가 된다. 공기 중의 산소의 비율도 비슷하다. 세상에는 돈을 빌려주고 싶어하는 사람과 돈을 빌려쓰고 싶어하는 사람이 있는데 그 중에는 빌려주고 싶어하는 사람이 단연코 많다. 은행은 많은 사람들로부터 돈을 빌려서 일부 사람들에게 빌려주고 있다. 만일 빌려쓰고 싶어하는 사람이 많으면 은행은 당장 파산한다. 다시 말해서 유대인 식으로 말하면 이 세상은 빌려주고 싶다는 78에 대하여 빌려쓰고 싶어하는 22의 비율로 성립되어 있는 것이다.

부자를 상대로 돈벌이를 해라 일반 사람에 비해 부자들의 수는 적으나 부자들이 가지고 있는 돈은 압도적으로 많다. 다시 말해서 일반 사람이 가지고 있는 돈을 22라 하면 부자가 가지고 있는 돈은 78이 된다. 즉, 78을 상대로 장사하는 편이 큰 돈벌이가 되는 것이다.

생활 속의 숫자에 익숙해야 한다 숫자에 익숙해지고 능통해지는 것이 유대인 상술의 기초이며 돈벌이의 기본이 된다. 유대인은 더위나 추위도 숫자로 환산하여 말한다. 장사할 때만 숫자를 들고 나온다면 이미 때가 늦다. 한국에는 이론적으로 해명할 수 없는 일에 부딪치면 '불가사의하다'라고 말한다. 불가사의는 숫자의 단위다. 숫자인 이상 해명할 수 있어야 한다. 숫자 단위를 들어보자. 일, 십, 백, 천, 만 이렇게 시작해서 억, 조, 경 여기까지는 누구나 알고 있다. 그런데 문제는 그 다음부터다. 경 다음에는 해, 정, 제, 극, 항하사, 아승지, 나유타, 불가사의로 숫자의 단위가 되어있는 것이다. 불가사의 다음이 무량대수이다. 불가사의란 단위는 매우 크지만 무량대수보다 작다. 그런데 숫자에 능통하지 못한 한국인 가운데 불가사의가 숫자의 단위라고 대답할 수 있는 사람이 과연 몇 명이나 될까?

깨끗한 돈, 더러운 돈은 없다 한국인은 돈벌이할 때 그 돈의 정체에 대해 까다롭다. 물장사나 여관 등으로 번 돈은 더러운 돈, 착실하게 일하여 부당하게 그러나 싸게 지불된 노임은 깨끗한 돈이란 식으로 구별하기 좋아한다. 라면 장사로 번 돈에 "이 돈은 라면 장사를 해서 번 돈입니다"라고 절대 씌어있지 않다. 술집 마담 주머니 속의 만 원짜리에도 "이것은 취객한테서 우려낸 돈입니다"라고 씌어있지 않다. 돈에는 출신성분이나 이력서가 붙어있지 않다. 다시 말해서 돈에는 더러운 돈이란 없는 것이다.

현금이 최고다 유대인 상술에는 천재지변이나 인간들에 의한 재난으로부터 내일의 생명이나 생활을 보장해 주는 것은 현금밖에 없다고 되어 있다. 유대인은 은행 예금조차도 믿지 않는다. 오직 현금 최고주의뿐이다. 인간도, 사회도, 자연도 매일 변해 간다는 것이 유대교 신의 섭리이며 유대인들의 신념이기도 하다. 변하지 않는 것은 현금뿐이다.

이자를 노린 은행예금은 손해다 유대인들이 은행예금을 신용하지 않는 데는 까닭이 있다. 은행에 예금하면 확실히 이자가 붙어 예금은 증가되어 간다. 그러나 예금이 이자를 낳아 불어나가는 동안 물가도 상승하여 화폐가치가 떨어진다. 그리고 본인이 사망하면 상속세로 많은 금액을 국가에서 가져가 버린다. 아무리 많은 재산이라도 3대만 상속하면 바닥이 난다는 것이 세법상의 원칙이다. 이것은 전세계 어느 국가나 마찬가지다. 그렇다면 재산을 현금으로 보유하고 있는 것이 빼앗기지 않는 방법이다. 한편 현금은 이자가 불어나지 않는 대신 절대로 줄어드는 일이 없다. 유대인에게 있어 줄어들지 않는다는 것은 손해보지 않는다는 것이다.

여자를 연구하라 유대인 상술에 있어서 중요한 상품으로 두 가지가 있다. 그것은 여자를 상대로 하는 것과 입을 상대로 하는 것이다. 이것은 유대인 상술 4천 년의 공리라는 것이다. 따라서 공리인 이상 증명은 불필요하다고 말한다. 유대인 역사가 가르치는 바에 의하면 남자는 일해서 돈을 벌어오고 여자는 남자가 벌어온 돈으로 생활을 해 나가야 된다는 것이다. 상술이라는 것은 남의 돈을 끌어들이는 것으로 동서고금을 막론하고 돈을 벌려면 여자를 공격하여 여자가 가지고 있는 돈을 뺏어내어야 한다고 했다. 이것이 유대인 사상의 공리이다. 상술이 남보다 뛰어나다고 생각하는 사람은 여자를 노려 장사하면 꼭 성공한다. 반대로 남자를 상대로 장사를 하려면 열 배 이상의 노력이 필요하다. 왜냐하면 원래 남자는 돈을 가지고 있지 않기 때문이다. 더 정확히 말하면 남자는 돈을 소비하는 권한이 없기 때문이다. 다이아몬드, 화려한 드레스, 반지나 브로치, 목걸이, 액세서리, 고급 핸드백…… 이러한 상품들은 그 어느 것이나 넘쳐 흐를 정도의 이윤을 가지고 상인을 기다리고 있다.

큰 입을 노려라 입을 상대로 하는 장사란 입에 들어가는 것을 취급하는 장사를 말한다. 예를 들면 청과물, 어물, 주류, 미곡, 과자 등이 그렇고 이 식품을 가공하여 판매하는 음식점, 바, 카바레, 클럽 등도 그렇다. 먹은 것은 반드시 소화되어 배설된다. 다시 말해서 입에 들어간 식품은 시시각각으로 소모되어 몇 시간 후에는 또 다른 상품이 필요하게 된다. 그렇지만 입에 넣는 상품은 여성용 상품만큼 돈벌이가 되지 않는다. 유대인에 버금가는 화교상인 중에 입을 상대로 하는 상품을 취급하는 사람이 많다. 유대 상인이 화교상인보다 상술이 뛰어나다고 말하는 것은 유대상인의 대부분이 여성을 상대로 하는 상품을 취급하고 있기 때문이다.

이와 함께 대한무역진흥공사(KOTRA) 텔아비브 무역관이 꼽는 다음의 '유대인의 비즈니스 십계'도 유대인과 유대인의 상술을 이해하는 데 참고할 만하다.

〈유대인의 비즈니스 10계〉

* 계약은 생명처럼, 우리 조상은 하나님과도 계약했다.
* 서명은 신중하게, 운명이 왔다갔다 한다.
* 막히면 뚫어라, 모든 길은 마음에서 나온다.
* 온 세상이 장사거리, 흰 구름도 쥐어짜면 비가 된다.
* 올바른 장사를 하려면 시장으로 가라.
* 평생 신용을 지켜라, 신용이 없으면 문이 열리지 않는다.
* 한 우물을 파라, 결국 맑은 물이 용솟음칠 것이다.
* 항상 수집하는 정보에 거래 성패가 좌우된다.
* 체면과 형식에 사로잡힌 자는 알맹이가 없으니 멀리 하라.
* "유대인이 세계 경제를 좌우한다"는 이방인은 곧 칼을 들이댄다.

유대인 네트워크의 위력

유대인을 가리켜 "세계에서 가장 단단하게 뭉친 민족"이라고들 말한다. 사실상 온 세계에서 유대인은 한 장의 담요처럼 짜여져 있다. 모든 유대인을 한 덩어리로 묶어주는 이 '담요'를 떠나서는 존재하지 못한다. 고대에서 오늘날까지 읽히고 있는 유대인의 고전에는 "이스라엘 백성은 하나다" "유대민족은 하나다. 뭉쳐야만 한다" "우리는 같은 길을 가는 사람이다"라는 말들이 자주 되풀이 된다. 이처럼 유대인은 유대라는 공동체 속의 한 사람이 될 때에 비로소 유대인이 된다. 이러한 사고방식은 고대로부터 지금에 이르기까지 줄기차게 이어지고 있다.

유대인이 한 가족이라는 말은 결코 꾸미거나 부풀려서 하는 말이 아니다. 이와 같은 단단한 결합이 없었다면 유대인은 이미 아득한 옛날에 다른 민족과 문화에 동화되어 오늘날에는 역사책의 한 구석에 기록되는 것으로 끝장이 나고 말았을 것이다. 박해의 역사를 걸머지고 세계 각처를 떠돌던 유대인들 가운데 수많은 노벨상 수상자와 세계 시장을 지배하는 거대 자본가들 그리고 예술, 과학, 정치, 문화 등 온갖 분야에서 세계적인 인물들이 배출되고 탁월한 업적을 성취한 비밀 역시 교육을 통한 공동체 의식의 함양과 네트워크를 통한 결속력의 강화에서 그 이유를 찾을 수 있다.

유대민족은 오늘날에도 세계 곳곳에서 생활하고 있다. 그리고 유대민족끼리는 국경을 넘어 서로 연결돼 있다는 유대감이 유대민족에 있어서 당연한 사고방식이다. 유대인은 전세계에 흩어져 있는 유대인끼리 항상 긴밀한 연락을 취하고 있다. 미국계 유대인이든 유럽계 유대인이든 동족인 것이다. 런던도 워싱턴도 모스크바도 연결되어 있다. 예컨대 스위스의 유대인은 중립국의 강점을 최대한 발휘하여 러시아의 유대인뿐만 아니라 미국의 유대인과도 연결돼 있다. 스위스를 통하면 미국인과 러시아인은 마음대로 교역할 수 있다.

세계 여러 곳에 분산돼 있는 국가에 같은 민족이 흩어져 살고 있는 그들이 서로 연락을 취하고 정보를 교환하며 서로 돕고 서로 이어져 있을 때 이미 국경이란 것은 큰 장애가 되지 않는다. 동양에서는 화교가 유대인과 비슷한 성향을 보인다. 그들에게 있어서는 싱가포르의 화교나 홍콩의 화교 혹은 대만의 화교 그리고 중국 본토에 있는 동족은 모두 국경을 넘어 연결돼 있으며 서로 돕는 일이 당연한 것으로 되어 있다. 이러한 네트워크가 세계적으로 크게 확대되어 엄청난 힘을 가지고 있는 유대인들의 보이지 않는 조직이며, 파워의 기초이다.

박해당하고 학살당하며 이 나라 저 나라에 갈기갈기 흩어진 유대민족, 그러면서도 선민의식을 견지해온 그들은 서로 돕지 않을 수 없었다. 그렇기 때문에 그들은 철두철미하게 서로 돕는 것이 몸에 배었다. IBM 등의 유대인계 다국적기업이 이만큼 활약할 수 있는 것은 그들 자신이 미국을 세계 제 1의 거대국가로 키워왔으며, 그 중추를 장악함으로써 완전히 지배하고, 마음대로 관리 통제하는 일을 가능하게 하고 있기 때문이다. 유대인의 미국경제에 미치는 힘이 실제로 어느 정도인가는 다음의 예에서 잘 드러난다.

미국에서 커다란 완구제조회사를 경영하고 있는 재미 한국인으로부터 회사가 뿌리를 내려 독립하기까지 미국경제의 특수성 때문에 대단히 고생을 했다는 이야기를 들은 적이 있다. 그는 한국이나 동남아시아에서 제조되고 있는 봉제완구가 매우 꼼꼼하게 만들어지기 때문에 미국에 수입하여 각지에 판매하려고 계획했다. 그래서 수입업자를 이리저리 만나 보았는데 100%가 유대인이었기에 놀랐다고 한다. 어떻든 그들의 손을 통해서 목적하는 완구를 손에 넣어 유통기구를 교섭해 보니 그것을 장악하고 있는 사람들 또한 100%가 유대인이었다. 그는 유대인 상인 사이에 끼인 상태로 장사를 하게 되었다. 그들

유대인은 수입할 때의 가격과 유통기구에 내놓을 때의 가격을 매우 접근시켜 중간에 선 재미 한국인은 거의 이익을 얻을 수 없는 상태에 놓여 버렸던 것이다. 그들이 뒷전으로 통하고 있는 것을 알았지만 어떻게 할 수도 없었다.

의뢰할 수 있는 다른 업자가 없기 때문에 이익이 조금밖에 없다 해도 그들과 거래하지 않으면 회사가 금새 도산해 버리는 상황에서 매일 답답한 회사경영을 계속해야만 했다. 그래서 그는 미국에서 현지생산에 의한 봉제완구를 만드는 것으로 계획을 변경했다. 이를 위해서는 감아서 싸는 천과 발포스티롤 같은 재료를 구입해야 하는데, 여기서 또 놀란 것은 감아서 싸는 천을 도매하는 업자도 발포스티롤을 도매하는 업자도 모두 유대인이었다는 사실이다. 우여곡절 끝에 재료를 구입하여 제품을 완성시켰다. 이번에는 독자적으로 판매하려고 생각하여 사람들이 많이 모이는 곳, 이를테면 디즈니랜드라든가 마이애미의 휴양지 등을 교섭해 보았다. 그러나 높은 매출이 기대되는 장소의 권리를 쥐고 있는 자의 모두가 유대인이었다고 한다. 그는 이처럼 도처에서 '유대인의 벽'에 머리를 부딪치면서 이리저리 경영을 계속해 나갔다. 그리하여 마침내 유대인을 고문으로 두고 그들의 이름으로 장사를 하게 되면서부터 회사를 궤도에 올릴 수가 있었다.

유대인들은 어떻게 미국에서 그렇게 막강한 힘을 갖게 되었는가? 그들의 인구 점유율은 겨우 3%, 즉 그들의 성공은 그들이 가진 수에 의한 것도 부에 의한 것도 아니다. 물론 그들이 가진 경제력도 간과할 수 없는 힘이겠지만 그들이 미국에서 성취한 힘은 바로 유대인들의 네트워크와 민족적 단결 등에서 찾을 수 있다. 이와 비슷하게 유대인들이 미국 사회에서 성공을 이룬 비결에 대해 데이비드 번스틴 미국유대인협회(AJC) 워싱턴 지부 국장은 다음과 같은 견해를 밝히고 있다.

첫째, 미국이 '기회의 땅'이라는 점을 잊지 않는다는 점이다. 이민자들이 건설한 나라 미국은 누구에게나 도전의 땅이며, 미국 땅에서 희생자가 아니라 주인으로서 미국을 '조국'으로 만들겠다는 마음으로 살아간다. 둘째, 정치감각을 키운다. 유대인들의 이익이 반영되도록 하기 위해서는 미국 정치 과정을 철저하게 이해해야 한다. 가장 좋은 방법은 정치에 직접 참여하는 것이다. 따라서 유대인 공동체는 유대인들의 정치 참여를 적극 장려하고 지원한다. 셋째, 기부금을 의무화한다. 유대인 전통을 유지하기 위한 교육·미국의 친이스라엘 정책·이민자들에게 유리한 정책 수립 지원에 필요한 기금 모금에 적극 나선다. 미국의 유대인연합은 연간 수십 억 달러의 기부금을 모금하고 있다. 넷째, 교육을 통해 종교와 전통을 전수한다. 미국에는 800여 개의 유대인 학교와 4,000여 개의 유대인 회당(synagogue)이 있다. 대학에 유대인 지도자 양성 프로그램을 개설해 차세대 지도자를 키우고, 유대인들이 미국에 동화되더라도 고유의 전통을 잃지 않도록 교육한다. 다섯째, 유대인 사회를 정치세력화한다. 이민정책·대(對)이스라엘 정책에 관한 이슈가 있을 때는 지역구 정치인들에게 지지와 반대의사를 밝히는 이메일과 서신 등을 적극적으로 보낸다. 또한 유대인에게 유리한 입장을 가진 정치인들은 유대인이 아니더라도 적극 지원하고 기부금을 낸다.

최근 유대인들은 인터넷에 민족공동체를 위한 네트워크를 구축해 운영하면서 커다란 성과를 얻고 있다. 수천 년 동안 고향을 떠나 세계 각지에 흩어져 살아오면서도 민족동질성을 유지해 온 유대인들은 인터넷에 다양한 글로벌네트워크를 구축해 운영 중이다. '유대인 커뮤니케이션 네트워크'는 홈페이지 (http://www.jcn18.com)에 "전세계 유대인을 연결해 디지털 유대공동체를 창조한다"는 취지를 밝히고 무려 1,500개가 넘는 이스라엘 및 유대인 관련 사이트를 연계해 놓아 세계유대인의 인터넷 나침반 구실을 하고 있다. 1936년부터 세계유대인의 대변인 역할을 해온 '세계유대인의회'도 인터넷 홈페이지(http://www.virtual.co.il)와 지부를 통해 80여 개국에 흩어져 살아가는 유대인들의 정치적 이해를 관철시키려 노력하고 있다. 이곳에는 족보를 알려주는 사이트와 유대인 아기의 입양, 이민족·이교도와의 결혼문제를 다루는 사이트도 많다.

유대인의 성공 비결은

유대인이 2천 년의 역사를 통해 하나의 민족으로서 살아남을 수가 있었던 것은 유대인이 단일 종교를 가지고 있었으며, '배우는 민족'이었던 점 그리고 구체적으로는 '학문과 장사'에 뛰어난 지혜를 가지고 철저하게 살았기 때문이다. '학문과 장사는 토지 소유가 필요 없고 어디에서나 통용되는 유용한 삶의 수단이었다. "조건이 나쁘니까 할 수 없다"라고 말하는 유대인은 없다. 어려움이 있다면 어떻게 하면 그 불이익을 극복할 수 있을 것인가 하고 필사적으로 골몰한다. 어려움이 있음에도 불구하고 상대를 이기는 방법을 연구한다. 그것이 유대인이다.

이와 함께 유대인의 성공 비결은 자기를 만들어 가는 데 있으며 이것을 뒷받침하고 있는 것은 5천 년에 걸친 역사를 통해서 자라난 유대인의 전통에서 찾을 수 있다. 오랜 역사 속에서 길러진 유대인 특유의 전통이 성공률이 높은 민족을 낳은 것이라고 할 수 있다(진웅기, 1979).

물론 세계에는 유대인과 마찬가지로 오랜 역사를 가진 민족이 적지 않다. 중국, 그리스, 이집트, 인도 등이 좋은 예이다. 그러나 중국인, 그리스인, 이집트인, 인도인들이 유대인만큼 사회적으로 성공했다고는 할 수 없다. 대체 그 차이는 어디서 생기는 것인가.

중국, 그리스, 이집트, 인도 등에서는 그들의 오랜 역사나 전통이 아무리 찬란한 것이라 해도 그것은 과거의 기록에 지나지 않는다. 그러나 유대인은 자신의 역사와 전통을 산 교훈으로 되씹어 왔다. 단순한 기록으로 책장 속에 처넣어 두는 것이 아니라 새로운 발전의 원동력으로 삼아온 것이다.

자기를 지키기 위한 방법은 오로지 한 가지, 지력(知力)과

재력(財力)을 간직하는 것, 이것만이 유대인이 생존해갈 수 있는 절대조건이었다. 그것은 국가·민족·계급·지위를 넘어 누구나 다 인정하지 않을 수 없는 가치이다. 유대인들은 자기의 생존과 민족의 존속을 건 두 가지 가치 추구에 매진해왔다. 여기서부터 유대인의 경제활동의 기본 전제가 생성되었다. 즉, 그들에게 비즈니스란 절대로 돈벌이만이 목적은 아니다. 그것은 민족이 살아남기 위한 싸움이다.

그들은 중세 그리스도교도가 절대로 손을 대지 않던 돈놀이, 징세인(徵稅人), 국왕 귀속의 재산관리인, 유통업 등의 직업에 종사해 사람들의 반감과 원망을 한 몸에 받아왔다. 특권이 없다는 것은 반대로 최대의 특권을 가졌다고도 할 수 있다. 그들은 비밀리에 돈을 움직이는 기술, 국왕이나 귀족의 개인적·가정적 비밀을 장악함으로써 배후에서 국가를 마음대로 움직이는 방법을 터득할 수 있었기 때문이다. 근대사회에 접어들면서 그들의 비즈니스 재능을 '십이분' 발휘할 시기가 찾아왔다. 그것은 자본주의사회, 특히 20세기의 미국에서였다. 여기에서는 돈벌이 자체가 선(善)이다. 유대민족이 자본주의 챔피언으로 발전하게 된 이유가 여기에 있다.

유대인이라고 하면 일반적으로 '돈벌이가 능한 사람'이라는 이미지가 강하다. 그러나 유대인은 세계에서 가장 지적 생산력이 높은 인간이라 할 수 있다. 지적 노력을 통해 유대인들은 거의 모든 분야에서 중요한 위치를 차지하고 있다. 유대인은 다만 노력하는 데 그치는 것이 아니라 적응력이 풍부하고 창조력이 뛰어나다.

유대인은 성공하는 비율이 매우 높았다. 흔히 유대인은 머리가 좋다고 말한다. 앞에서 살펴본 바와 같이 수많은 유대인들이 세계 곳곳에서 두각을 드러내고 있다. 그렇다면 유대인들이 이처럼 뛰어난 활약을 보이는 데는 어떠한 비결이 있는 것일까? 말할 것도 없이 그 원인은 유대인들이 우선 자신을 창조하기 때문이다. 유대인에게는 자신을 창조한다는 일이 매우 중요하다. 그리고 이 같은 독특한 창조력은 유대적 사고방식이나 생활방식에서 생겨난 것이다.

유대인의 성공은 끈질기게 물고 늘어지는 유대인 종족 특유의 집념에서 오는 듯하다. 어느 분야에 종사하든지 유대인들은 끈질기게 자기 일에 몰두한다. 차별 없는 공정한 경쟁 무대만 마련되면 유대인들의 성공률은 어느 분야에서도 두드러지며, 이러한 추세는 앞으로도 계속될 것이다. 또한 유대인의 성공은 대부분 기존 틀과 맞지 않는 무엇인가 자기만의 독특한 개성에서 나왔다. 그런 개성에서 새로운 창의력과 기발한 아이디어가 싹텄고 대성한 것이다. 학문 분야나 기업 분야나 마찬가지다. 미국 내 벤처기업에 진출한 유대인의 수가 압도적으로 많은 사실이 그런 유대인의 독특한 기질을 말해준다. 이와 함께 유대인의 성공비결은 구체적으로 높은 교육열과 독특한 육아 및 교육 방법 그리고 그들 특유의 상부상조 정신에서도 찾을 수 있다.

유대인의 남다른 교육열

유대인의 교육은 그들의 생존과 발전을 담보하는 귀중한 유산이다. '자식 농사'가 최대의 사업이라는 것이 유대인들의 공통된 생각이다. 교육은 유대인 사회의 굳건한 기본 가치이며 미래의 장을 여는 열쇠로 인식되고 있다. 사실상 유대인의 저력은 높은 교육 수준과 창의적 연구에서 비롯되고 있다. 전 세계 인구의 0.3%밖에 안 되는 유대인이 노벨상 수상자의 30%를 차지하는 비결 역시 '교육'이라고 단언해도 큰 무리는 아니다.

유대인은 배운다는 것이 의무라고 오랫동안 생각해 왔다. 유대교에서는 배운다는 것과 기도를 올린다는 것은 동일한 일이었다. 배운다는 것은 신을 찬미하는 것과 같은 일이었다. 유대인이 '배우는 민족'이라고 일컬어지는 것도 이 때문이다. 즉, 유대인은 교육이 무엇보다도 중요한 일이라고 생각해 왔다.

유대인 교육은 탈무드의 교육인 것처럼 알려져 있으나 이것은 사실과 차이가 많다. 물론 전통 사회에서 유대인들은 탈무드 교육을 받아왔다. 그러나 오늘날은 소수의 유대인들만이 탈무드를 배우고 있다. 유대인이라고 모두 탈무드를 배우거나 능통한 것은 아니다. 학교에서 의무적으로 그들의 역사의 일부로써 성경을 배우기는 하지만 탈무드는 정통파 유대 종교인들만이 배운다.

유대인의 전통적인 육아법은 민족공동체적 삶을 중시하는

것이 특색이다. 또 합리적이고 실용적이어서 현대의 과학적 육아법과도 잘 접목된다. 그들은 아이를 신의 선물이라 여기어 부모와 공동체가 함께 키우고자 애쓴다. 아이가 태아일 때부터 하나의 인격체로 대하며 개성을 존중해 준다. 유대인을 지칭하는 '헤브라이'라는 말의 뜻은 '혼자서 다른 편에 서다'라는 의미를 지니고 있다. 즉, 그들은 아이에게 "남보다 뛰어나라"고 하지 않고 "남과 다르게 되라"고 하며, 형제자매 간에도 능력을 비교하지 않고 각자의 개성을 키워 주려고 애쓴다.

또한 자녀를 지혜롭게 만드는 교육에 열정을 쏟는다. 역사적으로 많은 박해를 받으면서 터득한 '지혜로운 사람만이 살아 남는다'는 생존의 법칙을 오늘날까지 이어온 것이다. 지혜는 단편적인 지식과는 다르다. 그들 속담에는 "물고기를 잡아 주면 하루를 살 수 있지만 물고기 잡는 법을 가르치면 일생을 살 수 있다"라는 말이 있다. 즉, 암기력을 높이거나 임시 대응 능력을 가르치기보다는 일상생활 속에서 사고력을 키우고, 어릴 때부터 배움을 즐겁고 소중히 여기도록 키우는 것이다. 그들은 늘 자녀와 토론하고 대화하며, 잠들기 전에 책을 읽어 주고, 여행이나 현장학습을 통해 산 지식을 몸으로 익히도록 한다. 또 부모들도 만학도로서 공부하거나 사회교육에 참여하며 자녀에게 공부하는 모습을 보여 준다.

그들은 사회 발전이 경쟁에서 살아남은 소수 엘리트에 의해 이루어지는 것이 아니라 여러 가지 개성을 가진 평범한 사람들의 조화와 협동 속에서 이루어진다고 본다. 그래서 자녀들에게도 잘나고 돋보이는 사람이 되기보다는, 사회 속에서 조화를 이룰 수 있는 사람이 되라고 가르친다.

　이러한 육아 원칙들의 바탕에는 민족과 전통을 소중히 여기는 종교적 신앙심이라는 뿌리가 있다. 종교 교육은 가정에 안정감을 주며, 아이들이 정신적으로 조리 있는 인간으로 성장할 수 있게 한다. 가정의 육아 원칙은 학교 교육의 원칙으로 이어진다. 유대인의 유치원에서는 글자를 가르치지 않는다. '조기교육'과 '조기학습'을 엄격히 구분하는 것이다. 대신 생활도구와 현장 중심의 체험활동, 사회성과 역사의식을 키우는 그룹활동, 대화와 토론 중심의 교육, 아이들이 스스로 선택하되 과목별로 전문 교사가 지도하는 자유놀이 교육, 프로젝트 중심의 활동과 같은 다양한 활동을 통해 '전인 발달'이라는 원칙에 충실한 통합교육을 한다.

　또한 멀티미디어와 교구를 통합한 컴퓨터 프로그램이나 게임 교재들로 유아들에게도 과학기술과 사회역사를 가르친다. 초등학생이 되면 각자의 이메일을 지급해 주며, 2학년부터 영어 교육을 실시한다. 이런 교육은 아동들에게 어릴 때부터 높은 사회의식과 함께 정보화시대에 대한 적응력을 갖게 해준다.

　유대인의 교육과정은 학교와 교사뿐 아니라 가정과 지역사회가 모두 한 몸이 되어 이루어진다. 모든 아이들을 함께 잘 키우려는 적극적인 교육과 이를 보장하는 사회구조가 국민 모두를 국보급의 인재로 만드는 것이다.

　유대인의 가정교육은 주로 어머니에 의해 수행되는데 모친의 교육은 어느 교육 기관보다 중요하다. 유대인이 뛰어난 이유는 유대인 어머니의 특별한 자녀교육법 때문이라고 주장될 정도로 어머니의 육아 교육은 중요하다. 그들은 자신이 원하는 대로 아이를 키우지 않고, 아이가 원하는 대로 키운다. 또한 유대인 어머니는 어려서부터 아이들에게 독립적인 생활을 할 수 있도록 교육시킨다. 유대인은 한 아이에 대한 헌신적인 교육이 유대인의 민족적 장래를 좌우한다는 사실을 철저하게 자각한 민족이다. 지금도 유대인들은 "전쟁에서 살아남을 수 있는 민족은 교육된 민족이다"고 보고 있다.

일반적으로 사람들은 유대인이 다른 민족보다 두뇌가 뛰어나기 때문이라고 말한다. 그러나 유대인은 다만 자신들이 유아 교육이나 습관들이기, 부모와 자식 간에 생각을 나누는 방법 등 교육적인 측면에서 보다 많은 관심을 쏟았기 때문이라고 말한다. 사실 유대식 육아법이나 교육법을 살펴보면 "머리가 좋게 태어났기보다는 머리가 좋아지도록 키워진다"고 하는 말을 함축하고 있다. 그들은 머리를 끊임없이 사용하지 않으면 안 되는 환경·가정이나 학교의 시스템을 만들어 놓고 아이들이 머리를 쓰지 않을 수 없도록 만든다. 어릴 때부터 유대인답게 사는 길은 "몸보다 머리를 써서 사는 것"이라고 가르치는 것이다.

그렇다고 우리 나라에서와 같이 지능을 높여준다는 각종 프로그램을 찾아서 아이에게 강요하는 것은 아니다. 단지 아이가 어디에 관심과 흥미를 갖고 있는지, 어떤 특별한 창의성이 있는지, 어떤 잠재력을 품고 있는지를 학부모, 교사, 가족 구성원들이 주의 깊게 관찰해서 과학, 문학, 음악, 미술, 체육 등 아이의 관심 분야를 계발시키기 위해 꾸준히 지도하는 것이다.

이와 함께 철저히 배운다는 것은 유대인에게는 하나의 습관이 되어 있다. 유대인의 학문에 대한 열의와 관심은 교육을 중요시하는 유대인의 전통에서 비롯된 것으로 보인다. 사실 유대 역사에서는 학자가 가장 위대한 사람이라 간주되어 왔다. 정치가 혹은 위대한 사업가라 하더라도 유대인 사회에서는 그 사회적 지위가 학자 다음이었다.

유대인들은 아이에게 교과 과정을 가르치기만 하는 것이 아니라 그것을 배우고 자기 것으로 만드는 방법을 가르치는 것이 어른의 역할이라고 믿고 있다. 아이들에게 어려서부터 온갖 지식을 주입식으로 가르쳐 주고 시험에 합격하는 능력을 갖게 하는 우리의 교육 방법과는 확연히 다른 것이다. 유대인들은 리포트를 평가할 때도 가능한 한 많은 자료를 수집하도록 요구한다. 평가 기준도 리포트의 내용이 아니라 그 수집한 자료들을 어떻게 다루었느냐에 중점을 둔다고 한다. 모든 것을 단순한 암기력으로 하는 것이 아니라 최대로 머리를 활용하도록 하는 것이다. "물고기 잡는 법을 가르치면 평생을 살수 있다"라는 익숙하고도 평범한 그들의 속담 속에 유대인들의 교육방식이 투영되어 있고 그것이 세계의 중심 자리에서 뛰어난 능력을 발휘할 수 있게끔 도와준 원동력인 것이다.

    유대인들이 좋아하는 이야기 중에 '작은 유대인(Little Jew)'
이 있다. 그 내용은 다음과 같다.

    어느 키 작은 유대인이 알래스카 벌목장에 취직하였다.
주인은 이 작은 인부를 혼내주려고 큰 도끼를 맡기고는 힘
든 일을 시켰다. 하늘을 치솟는 듯한 아름드리 나무의 숲 속
에 선 이 사람은 마치 벌레처럼 작게만 보였다. 그러나 그의
일 솜씨는 그 어느 키가 큰 사람들이 따라 오지 못할 정도
로 뛰어났다. 이것을 본 주인이 그에게 물었다. "벌목은 어
디서 배웠소?" "예, 사하라 정글에서 배웠습니다." "사하라
정글이라고? 그게 아니고 사하라 사막이겠지" "예, 제가 가
서 나무를 몽땅 잘라버려서 사막이 되었죠."

유대인들은 자주 이 유머를 자녀 교육에 사용한다. 아무리
체구가 작아도 그 속에 정신이 살아있으면 무엇보다도 크고
위대한 힘을 발휘할 수 있다는 교훈을 주는 이야기이다.
    사실상 유대인들은 세계 어느 민족에 비해 교육을 중요시
해 왔고 또 실천하고 있는 민족이다. 지식이 결국은 남보다 앞
선 생각을 낳을 수 있고 그것이 생존은 물론 향상된 생활을
보장한다고 확신한다. 그래서 자녀들에게 부동산이나 기업 같
은 유형 자산을 물려주기에 앞서 실용적인 지식 습득에 정력
을 쏟는다. 실용적인 기술교육은 중세시대 이후 사회적인 차
별을 받아온 유대인 사회의 전통이 되어왔다. 당시 유대인들

은 자녀들에게 반드시 기술교육을 시켰다. 어느 하늘 아래에서도 살아남을 수 있는 기술을 습득시킨 것이다. 그런 전통이 발전해서 오늘날에는 전문직종 교육을 자녀들에게 중점적으로 실시한다. 유대인 부모들은 자녀의 자질을 아주 어렸을 때부터 면밀히 관찰하고 자녀가 장차 갖게 될 직업에 관련된 전문교육을 선택하게 한다.

외국어 구사 능력의 강조도 유대인들의 민족적인 특징이라고 할 수 있다. 유대인들은 아주 일찍부터 모국어 이외에 서너 개의 외국어를 배우는 것을 일상화하였다. 아마도 자기 조국이 없어지고 남의 나라 땅에서 살아야 했던 오랜 방랑생활이 가져온 결과로 여겨진다.

상부상조의 일상화

고난의 역사 속에서도 오늘날 유대인이 크게 성공할 수 있었던 원동력은 바로 상호돕기식 커뮤니티 활동에서도 찾을 수 있다. 이러한 전통 역시 유대인들의 교육에서 비롯되었다. 유대인들은 어렸을 때부터 불우한 이웃을 위해 자신의 물건을 내줄 수 있도록 가르친다. 그들은 가난한 사람들에게 물건이나 돈을 내주는 것을 인간으로서의 중요한 덕목이라고 생각한다. 그러나 단순한 동정이 아니라 친절을 베푸는 과정에서 상대방의 마음과 감정을 이해할 수 있기를 바라는 마음으로 베풀도록 한다.

유대인들은 '돈은 세상을 돌고 돈다'고 생각한다. 따라서 손에 들어온 돈은 조금씩 밖으로 내보내 사회에 환원해야 한다고 생각했으며, 여기서 자선과 봉사의 정신이 생겨났다. 우리는 보통 '사람들에게 도움이 되고 싶다'라는 마음이 동반되지 않으면 자선을 행하지 않는다. 그러나 유대인에게 자선은 의무처럼 여겨진다. 그들에게는 자선은 '하고 싶다' 또는 '하고 싶지 않다'라는 개인의 기분 이전에 이미 결정되어 있는 것이다.

유대인들은 개개인이 유대인다운 바른 행위를 해야 한다는 의식뿐만 아니라 그 모든 구성원이 서로 사회적인 연대 책임을 가진다는 생각을 강하게 지니고 있다. 특히 후자는 사회공동체가 그 구성원인 한 사람 한 사람의 유대인에게 바른 행위를 하도록 이끌어야 할 책임도 있음을 의미한다. 유대인이 남달리 자선 행위를 중요하게 여기는 것도 이런 생각에서 나왔다.

일반적으로 유럽이나 미국 사회에 사는 사람들은 저마다 다른 개성과 삶의 방식을 가지며 사회는 서로 다른 개성의 집합이라고 생각한다. 개인이 저마다 독립된 이런 개인주의 앞에서는 모든 사람이 그 공동체의 구성원이며 연대 책임이 있다는 사고방식은 허약해지기 마련이다. 그러나 유대인은 이와 다르다. 유대인은 유대라는 공동체 속의 한 사람이 될 때에야 비로소 유대인이 된다. 이러한 사고방식은 고대로부터 지금에 이르기까지 줄기차게 전승되어 왔다. 이를테면 탈무드에 "만일 부모가 자식을 올바로 교육시키지 못했거나 그런 환경을 자식에게 마련해 주지 못했을 때 그 자식이 저지른 죄는 사회 전체가 져야 하고 그 자식 혼자서만 지게 할 수는 없다"라고 한 것으로도 짐작할 수 있다.

유대인들의 민족 서로 돕기와 혈족 의식은 전통 유지와 동질성의 상호 확인이 가져온 것이다. 2천 년에 이르는 오랜 디아스포라 시대에서 자신의 주체를 잃지 않고 견딜 수 있었던 것도, 어려운 처지에 놓여 있는 동포를 도울 수 있었던 혈족 의식도 이에서 비롯된 것이다.

이중 미국의 유대인 모금조직은 대표적인 것이다. 전주(錢主)는 성공한 유대인으로 기금액은 1만 달러에서 50만 달러가 절반이다. 5백만 달러가 넘는 거액기금도 흔하다. 이런 모금액 중 80%를 본국에 보낸다. 다른 나라에 있는 유대인들을 돕기도 하고 소수 민족을 돕기도 한다. 이런 모금단체를 포함하여 각종 커뮤니티 조직만도 미국에 2백여 개가 넘는다. 요란하지 않고 조용하게 자발적으로 참여하는 유대인들은 모국인 이스라엘과 미국 두 나라 경제를 모두 살린다는 자세다.

유대인들은 '디아스포라'란 말을 자주 한다. 이스라엘 밖의 지역에 사는 유대인을 일컫는 그리스어이다. 어느 나라에 살든 유대인은 하나라는 뿌리깊은 인식이 그들을 강하게 만드는 것이다. 이스라엘과 아랍권 사이에 전쟁이 일어났을 때 미국에 유학하고 있던 유대계 학생이 서둘러 이스라엘로 돌아가 전쟁에 참여한 데 반해 아랍계 학생은 방관만 했다는 이야기는 우리에게 잘 알려져 있다. 일반적으로 해외에서 살고 있는 유대인들은 이스라엘에 대한 일반적인 관심뿐만 아니라 매우 우호적이고 적극적인 관심을 지니고 있다.

이와 함께 유대인을 하나로 묶는 조직의 조직력과 파워도 주목할 만하다. 예컨대 미국 내 유대인 단체 본부인 전미유대인협회(NJCARC)는 국가조직과 흡사해 교육·과학·방위·사회 등 각 분야에 산하조직을 두고 있다. NJCARC는 미국 내 1,200개 도시에 산재해 있는 유대인단체의 총본산으로 각 지부 위에 30개의 상위 중간조직이 있고, 이 가운데는 회원수가 100만 명이나 되는 5대 단체가 있다. 가장 큰 단체인 미국유대인 연합회(American Jewish Congress)를 비롯해 ATC, AZO, ADL, HADESSA가 바로 그것이다. 이중 HADESSA는 여성단체로 회원수가 150만 명에 이르러 세계에서 가장 큰 여성 단체의 하나이다.

이런 유대인 조직들은 각 조직들이 좋아하는 테마에 입각하여 활동하고 있다. 또한 비유대인에 대한 계몽에 주안을 두고 TV나 라디오의 스폰서가 되어 유대인 문제를 다루거나 기독교인이나 흑인 대표와의 토론을 방송하여 유대교의 선전에 종사하고 있는 단체가 있는가 하면, 이스라엘 여행을 전문으로 하는 여행사와 같은 단체도 있다. 언뜻 보면 여러 가지 활동을 차별적으로 전개하는 것처럼 보이지만 많은 단체가 공통으로 주력하는 유대인의 종교적·문화적인 전통의 전승과 유대인의 권리옹호에 노력하고 있다.

유대단체는 이스라엘 건국 이전부터 존재한 유대인의 세계적 조직이면서 어떤 측면에서는 이스라엘 정부 이상으로 강한 힘을 가지고 있다. 또한 이스라엘의 건국에 중요한 역할을 하였으며, 현재도 이스라엘에 대한 경제원조, 이스라엘 이주자에 대한 여비 지급에서부터 취직알선 등의 활동을 통해 세계 각지에 흩어져 있는 유대인들을 하나로 모으는 역할을 하고 있다. 이 단체들은 1948년의 이스라엘 건국을 계기로 미국과 이스라엘을 특수관계로 묶는 데 중요한 역할을 했고, 전세계에 흩어져 있는 유대인들의 권익 향상을 위해 구소련은 물론 아프리카의 에티오피아에 이르기까지 지구상 전 대륙으로 그 영향력을 확대하고 있다.

예를 들어 에이펙(AIPAC, American-Israel Public Affairs Committee, 미-이스라엘 공적위원회)은 약 5만 5천 명의 각계 유력 인사를 정회원으로 확보하고 미국의 중요한 주마다 지부를 두고 있는 단체이다. 뉴욕타임스는 에이펙이 최소한 상원의원 45명과 하원의원 2백 명의 고정적인 지지를 확보하고 있다고 보도하기도 했으며, 요르단의 후세인 국왕은 "미국의 대중동 정책 기조는 에이펙이 설정한 범주를 넘기 어렵다"고 꼬집기도 했다(박재선, 2002).

이러한 유대인 조직은 유대인으로서의 생활을 유지하고 언어·역사·문화를 전수하는 데 필요한 모든 경비를 지원한다. 신문 발행이나 각종 문화행사 경비도 포함된다. 총 경비는 연 8-10억 달러 정도이며 전액 기부금으로 충당된다. 바로 이 같은 조직적인 연대와 이를 매개로 한 사회활동에의 참여를 통해 현재의 성공이 가능했다고 볼 수 있다. 즉, 유대인들의 성공에 특별한 비결이 있다기보다는 완벽한 조직과 이를 통한 공적 활동에 참여함으로써 적응력을 기르는 데 매우 뛰어났다는 데에서 그 이유를 찾을 수 있다.

유대인으로부터 무엇을 배울 수 있는가

　박해의 역사를 걸머지고 세계 각처를 떠돌던 유대인들 가운데 수많은 노벨상 수상자와 세계 시장을 지배하는 자본가들 그리고 예술, 과학, 영화 등 온갖 분야에서 세계적인 인물들이 배출되고 탁월한 업적을 성취한 비밀은 무엇보다도 교육을 통한 지적 능력의 극대화와 네트워크를 통한 결속력 강화에서 찾을 수 있다.

　유대인들은 세계 어느 민족보다 교육을 중요시해 온 민족이다. 교육적인 가정을 이야기할 때 흔히 유대인을 떠올린다. 교육을 중시하는 점에서는 한국인과 유대인은 차이가 없는 듯하다. 그러나 그 방법은 크게 다르다. 유대인 부모는 어린이에게 먼저 이야기부터 들려주고 수수께끼로 사고력을 훈련시키며 재미있게 배우게 함으로써 공부는 즐거운 것이라는 인식을 갖게 한다. 유대인 어머니는 아이가 빨리 글자를 깨우치게 하는 조기교육에는 관심이 없다. 유대인 부모는 입학 첫날 자녀에게 "학교에 가면 훌륭한 선생님을 만나는데 무엇이든지 모르면 선생님께 물어봐라"라고 한다. 이에 반해 우리의 경우는 "학교에 가면 선생님 말씀을 잘 들어라"라고 한다. 한 쪽은 자율성을 강조하는 반면, 다른 한 쪽은 타율적이라 할 수 있다. 유대인은 말을 잘 듣는 착한 아이가 나중에 커서 훌륭한 어른이 된다는 생각을 하지 않기 때문이다. 그보다는 호기심을 키우고 모르는 것은 당당하게 물어보며, 자신의 의견을 말하고 논리적으로 생각을 펴 나갈 수 있는 아이로 자라도록 배려한다.

유대인의 가르침 중에는 "사람은 잘 배워야 한다. 하지만 수동적으로 배우는 습관을 가져서는 안 된다"라는 말이 있다. 아이가 수동적으로 배우는 데 익숙해진다면, 인간의 천성적인 창의력은 서서히 사라지기 때문이다.

유대인 가정교육은 어린이의 개성을 최대한 존중하고 신장시키며 자주성과 독립성을 훈련시킨다. 개성을 살리는 예로 유대인 가정에서는 형제의 능력을 비교하여 면박을 주지 않는다. "형제의 머리를 비교하면 양쪽을 다 죽이지만 개성을 비교하면 양쪽을 다 살릴 수 있다"는 유대인 격언은 개성을 중시하는 유대인의 교육관을 잘 보여주고 있다.

우리 나라 부모들은 아이에게 많은 기대를 갖고 사회적으로도 인정받는 위치에 서기를 바라며 남들에게 뒤지지 않기 위해 수많은 학원에 보내거나 과외를 받게 하는 것을 당연하게 여긴다. 하지만 유대인 부모들은 아이가 사회적으로 인정받는 직업에 종사할 것을 권하지 않는다. 아이의 생각이 좀 엉뚱하다 하더라도 자신이 원하는 일이라면 아이의 든든한 상담자와 조력자 역할을 해준다. 사람이 추구하는 행복은 다 다르다는 것을 알기에 개성 있는 삶을 가꿔 나가는 것을 도와주며 자신이 진정 좋아하는 일을 하는 것이 행복이란 것을 일깨워 주는 것이다.

유대인의 자녀교육에는 어두운 곳을 통해 밝은 곳을 보는 인간으로 성장하라는 그리고 어떠한 어려움을 만나든 좌절하지 않고 그 어려운 체험을 통해 미래에 대한 희망을 잃지 않고 살아갈 수 있는 인간이 되기 위해 노력을 아끼지 말라는 소망이 담겨져 있다. 유대인에게 배우는 일은 곧 선이며 성스러운 의무이다. 그래서 문맹률이 아주 높던 중세 유럽에서 유대인 사이에는 거의 문맹이 없었다고 전해지는 것도, 또 많은 세계적인 학자를 배출하고 있는 것도 유대인이 배우는 일에 대해 이와 같은 태도를 늘 지니고 있기 때문이다. 학교에서 교육을 받는 것만이 배우는 것이 아니며, 가정에서 배우고, 일터에서 배우고, 놀이에서 배우고, 사교에서 배우는 등 어느 곳에서든지 배운다.

유대인은 오랫동안 혜택받지 못한 사회제도 속에서 살아왔다. 그럼에도 불구하고 유대인은 성공하는 예가 대단히 많다. 그것은 무엇보다도 먼저 유대인 자신이 스스로를 창조해 가기 때문이다. 유대인에게 있어서는 자기를 만들어가는 것이 가장 큰 밑천이다. 이러한 창조력은 유대적 사고방식이나 생활방식에서 태어났다. 사실상 유대인은 과학, 정치, 예술 등 모든 방면에서 새로운 세계를 낳은 원동력이 되어왔다.

유대인 비즈니스맨들 중에는 이전에 장사를 하면서 호되게 어려움을 겪었을 때의 계약서를 사무실 벽에 걸어두고 있는 사람이 있다는 말을 흔히 들을 수 있다. 그러한 생각은 "실패한 일을 모두 잊어버리고 새로이 시작한다"는 우리의 생각과는 전혀 다르다. 요컨대 유대인에게 있어 실패나 패배는 다음 성공을 위한 출발로서 언제나 뇌리에 새겨져 있어야 하는 것이다.

유대인이 논쟁을 즐기는 민족이라는 특성도 눈여겨볼 만하다. 그들은 상대방의 의견을 잘 들은 다음 항상 자신의 의견을 말한다. 그리고는 서로 납득이 갈 때까지 논쟁한다. "유대인이 두 사람 있으면 세 가지 의견이 나온다"는 말이 있을 정도다. 이러한 성향은 유대인이 가지는 커다란 힘의 원천이라 볼 수 있다. 말하는 상대에게 반대 의견을 내기 위해선 자기 생각을 확실히 가지고 있어야 하고, 그러기 위해선 언제나 머리를 써야 하기 때문이다. 유대인은 다른 어느 민족보다도 낙관적인 성향의 민족이라는 점도 주목할 만하다. 이 같은 낙관주의 덕분에 그들은 수없이 짓밟혀도 희망을 버리지 않았으며 가혹한 운명도 견딜 수 있었다. 유대인의 속담 중에는 "어둠이 짙을수록 빛은 가까이 있다" "두려움을 동반하지 않는 희망은 없고, 희망을 동반하지 않는 두려움도 없다"라는 말이 있다. 이는 유대인의 긍정적인 성향을 보여주는 예라고 할 수 있다.

유대인의 네트워크도 우리에게 중요한 시사점을 제시해주고 있다. 유대인 네트워크는 유대인들을 하나로 뭉치게 하여 그 힘을 발휘하게 하는 원동력이다. 유대인 네트워크에 못지 않은 것으로 화교 네트워크 역시 주목할 만하다. 그 수만 보아도 5천 5백만 명으로 엄청날 뿐만 아니라 이들의 이주 역사 또한 수세기에 이를 정도로 장대하다. 불모의 대륙이나 황량한 벌판, 적도의 밀림 속에서 풍요의 땅을 찾아 기약 없는 유랑의 길을 떠났던 이들은 1세대가 씨를 뿌리고 2세대가 가꾼 터전 위에 이들의 3·4세대는 이주지의 유랑민이 아닌 어엿한 주민으로 굳게 뿌리를 내렸다. 그렇다면 이를 가능하게 했던 힘은 무엇이었을까. 그것은 바로 혈연·지연으로 묶인 인간관계가 바탕이 된 단결, 즉 네트워크의 활용이었다.

이렇듯 유대인과 화교는 전세계 곳곳에 사람과 자본을 심어 놓는 이른바 현지화·세계화 전략을 꾸준히 전개해 왔다. 우리도 이들 못지 않은 '코리안 네트워크'를 짤 수 있는 소중한 해외자산이 있다. 전세계 170여 개국에 퍼져 있는 550여만 명의 해외동포가 그들이다. 이들을 연결시켜 주는 코리안 네트워크의 구축이야말로 21세기 무국경·무한경쟁시대를 헤쳐 나갈 수 있는 지름길이다. 이러한 취지 하에 지난 96년 코리안 네트워크 구축이라는 슬로건을 내걸고 출발한 해외한인무역협회와 2002년에 구축된 상공인, 무역인, IT인, 과학기술자

단체 등의 통합네트워크인 세계 한상(韓商)대회는 주목할 만하다. 한상대회는 분산됐던 한민족 역량을 결집할 수 있는 네트워크 구축을 목표로 개최되고 있다. 한상네트워크는 모든 재외동포 경제인과 경제단체를 통합하여 네트워크화하고 한민족 상권을 형성하며, 모국과 재외동포를 연계하여 세계적인 민족 공영권을 실현하기 위한 것이다. 해외 교민 수가 전체 인구의 15% 가량이나 돼 유대인 다음으로 해외 교민의 비중이 크다는 점에서 이들을 하나로 통합해 나간다면 큰 힘을 발휘할 수 있을 것이다. 현재로선 본국 기업과 연계가 가능한 업종에만 한정돼 있으나 코리안 네트워크를 중심으로 본국 기업과 교민들이 함께 공통분모를 모색해 간다면 전략적 코리안 네트워크의 장래는 매우 낙관적이다. 민족 동질성을 유지하는 사이버 한민족 공동체인 한민족 네트워크를 확충하는 일도 시급하다. 모국과 해외동포들은 이를 통해 하나의 민족이라는 자부심을 높여 나갈 수 있기 때문이다.

한민족 네트워크는 실사구시적이어야 한다. 개념으로만 끝나서도 안 되며 행사 위주로 되어서도 안 된다. 그야말로 세계 각국에 흩어져 있는 우리 동포들을 한민족의 정체성을 토대로 하나로 묶어 서로 서로 도와서 상호 간에 이익이 되는 관계가 되어야 한다. 한 걸음 더 나아가 한민족 네트워크의 개념을 단순 교역 차원에서 정치·경제·문화 등 다각도로 교류 가능한 채널을 발전시켜야 한다. 네트워크의 핵심은 신뢰이다. 이제는 서로 서로 믿고 도와야만이 네트워크 시대에 다같이 살아

남을 수 있고 상생(相生)할 수 있다는 것을 깨달아야 할 때이
다. 21세기는 네트워크의 사회이며 '민족'이라는 동질성과 정
체성이 네트워킹에 커다란 위력을 발휘할 것이기 때문이다.

참고문헌

강영수, 『뒤집어서 읽는 유태인 오천년사』, 청년정신, 1999.

강인선, "미 유태인 사회의 성공비결 5가지", 「조선일보」, 2002년 1월 15일자.

김종빈, 『갈등의 핵, 유태인』, 효형출판, 2001.

마빈 토케이어, 진웅기 옮김, 『탈무드에 의한 유태인의 성공법』, 범우사, 1979.

막스 디몬트, 김용운 옮김, 『유태의 역사』, 대원사, 1990.

막스 디몬트, 이희영 옮김, 『세계 최강성공집단 유태인』, 동서문화사, 2002.

박원곤, "팔레스타인 분쟁 : 세계평화의 시금석", 「국방일보」, 2002년 4월 18일자.

박재선, 『제2의 가나안 유태인의 미국』, 해누리, 2002.

소정현, 『격동의 이스라엘 50년』, 신아출판사, 2000.

손혜신, 『유태인과 이스라엘 있는 그대로 보기』, 선미디어, 2002.

최홍섭, "IT, 나노, BT 세계최강 이스라엘의 비밀", 「조선일보」, 2002년 12월 16일자.

카세 히데아키, 박순규 옮김, 『세계를 지배하는 유태인의 성공법』, 인디북, 2002.

한국컴퓨터선교회, "아메리카(호주, 아시아)의 유태인", kcm.co.kr/bethanv/clusters/8093.html/

Park Jason, 「미국의 평화는 유태인에 달렸다」, 『코리아저널』 2002년 9월호.

"유태인 상술", www.hangong.co.kr/sang/yutae.html/

큰글자 살림지식총서 011

유대인

펴낸날   2012년 10월 15일

지은이   **정성호**
펴낸이   **심만수**
펴낸곳   **(주)살림출판사**
출판등록 1989년 11월 1일 제9-210호

경기도 파주시 문발동 522-1
전화   031)955-1350   팩스   031)955-1355
기획 · 편집 031)955-4662
http://www.sallimbooks.com
book@sallimbooks.com

ISBN   978-89-522-2102-5   04080

※ 이 책은 큰 글자가 읽기 편한 독자들을 위해
   글자 크기 15포인트, 4×6배판으로 제작되었습니다.